Moritz Bremer

Social Networks als Instrument der Personalbeschaffung

Empirische Untersuchung am Beispiel der Deutsche Postbank AG

Diplomica Verlag GmbH

Bremer, Moritz: Social Networks als Instrument der Personalbeschaffung: Empirische Untersuchung am Beispiel der Deutsche Postbank AG, Hamburg, Diplomica Verlag GmbH 2013

Buch-ISBN: 978-3-8428-8422-9
PDF-eBook-ISBN: 978-3-8428-3422-4
Druck/Herstellung: Diplomica® Verlag GmbH, Hamburg, 2013
Covermotiv: © Mihai Simonia · Fotolia.com

Bibliografische Information der Deutschen Nationalbibliothek:
Die Deutsche Nationalbibliothek verzeichnet diese Publikation in der Deutschen Nationalbibliografie; detaillierte bibliografische Daten sind im Internet über http://dnb.d-nb.de abrufbar.

© Diplomica Verlag GmbH
Hermannstal 119k, 22119 Hamburg
http://www.diplomica-verlag.de, Hamburg 2013
Printed in Germany

Inhaltsverzeichnis

Abbildungsverzeichnis

Abkürzungsverzeichnis

BDG	Bundesdatenschutzgesetz
H0	Nullhypothese
H1	Alternativhypothese
Munich Re	Münchener Rückversicherungs-Gesellschaft Aktiengesellschaft in München
OSN	Online Social Networks
Postbank	Deutsche Postbank AG
SE	Societas Europaea (Lateinisch, übersetzt: Europäische Gesellschaft)

1. Einleitung

Online Social Networks (OSN) sind heutzutage aus dem Alltag vieler Menschen und auch aus den Medien nicht mehr wegzudenken. Alleine der weltweite Marktführer Facebook hat circa eine Milliarde aktive Nutzer[1] und brachte es nur in Deutschland auf etwa 30 Milliarden Seitenaufrufe im Jahr 2011.[2] Der Börsengang des Eigentümers Facebook Inc. am 18. Mai 2012 hatte ein Volumen von 16 Milliarden Dollar. Insgesamt handelte es sich um den drittgrößten Börsengang in der Geschichte der USA.[3]

Die Bereitschaft von Investoren eine derart große Summe aufzuwenden wirft unweigerlich die Frage auf, woraus eigentlich das Geschäftskonzept und worin der Nutzen dieser Webdienste besteht. Untersuchungen zu der Frage, wie Unternehmen mit Facebook oder anderen Sozialen Netzwerken Geld verdienen oder bspw. den Bekanntheitsgrad ihrer Marke steigern, gibt es reichlich. Diese Studie soll jedoch einen anderen Ansatz verfolgen und untersuchen, welchen Mehrwert die Deutsche Postbank AG (kurz: Postbank) durch die Nutzung von OSN im Rahmen des Personalbeschaffungsprozesses generieren kann.

Sie ist aufgeteilt in zwei verschiedene Teile. Der erste widmet sich der Theorie der im Titel der Arbeit genannten Themengebiete "Personalgewinnung"[4] und "soziale Netzwerke". Aufbauend hierauf ist die Anwendung dieser Theorie auf die betriebliche Praxis das Thema des zweiten Teils dieses Buches.

Der erste Teil fokussiert sich zunächst auf die theoretische Aufarbeitung der Personalarbeit. Hierbei soll der Bogen von der Personalwirtschaft im Allgemeinen zur Personalgewinnung im Speziellen geschlagen werden und dem geneigten Leser eine Einführung in ihre verschiedenen Instrumente gegeben werden.

Im Anschluss betrachten wir die Entstehungsgeschichte der OSN ausgehend von realen sozialen Netzwerken. Was waren die ersten erwähnenswerten

---

[1] Vgl. Facebook, 2012.
[2] Vgl. Nikolov, N., 2011.
[3] Vgl. Financial Times Deutschland, 2012.
[4] Hierbei ist darauf zu achten, dass von den Begriffen „Personalgewinnung" und „Personalbeschaffung" in dieser Untersuchung synonym Gebrauch gemacht wird.

Dienste? Was machte sie erfolgreich und konnten sie ihren Erfolg bestätigen? Außerdem soll ein kurzer Eindruck davon entstehen, welche verschiedenen Ausprägungen von OSN es mittlerweile gibt und wie OSN auch andere Webdienste beeinflusst haben.

Danach beschäftigt sich dieser Teil des Buches mit der Fragestellung, was ein OSN überhaupt ausmacht. Gibt es eine genaue und allgemeingültige Definition? Oder gelten alle sogenannten Web 2.0 Angebote, die ihre Nutzer stärker als andere Webseiten partizipieren lassen, um mit wenig Aufwand Inhalte zu generieren, als OSN?[5] In diesem Zusammenhang soll dem Leser außerdem die Struktur von OSN erläutert werden und welche Erkenntnisse bei der Erforschung dieser bislang zu Tage getreten sind. Weiterhin soll es darum gehen welche Aspekte der Struktur von OSN dafür verantwortlich sind, welches OSN erfolgreich ist und welches eben nicht.

Abschließend geht es um die Frage, wie die gewonnenen Erkenntnisse gewinnbringend für die Personalwirtschaft und hier insbesondere für die Personalbeschaffung in der Postbank eingesetzt werden können. Hier soll zunächst noch einmal betrachtet werden, welche positiven Auswirkungen reale soziale Netzwerke auf diesen Prozess haben können. Den Anschluss bildet die Betrachtung der Chancen, die sich den Unternehmen durch die Nutzung der OSN bieten. Abschließen soll diesen Part eine Beschreibung der bestehenden Risiken beim Prozess der Integration von OSN in den Personalbeschaffungsprozess.

Der zweite Teil schließlich soll die Verbindung zwischen Theorie und Praxis darstellen. Hierfür sollen die theoretisch herausgearbeiteten Mehrwertpotenziale mit dem Status Quo der Postbank verglichen werden um eventuelle Verbesserungsmöglichkeiten herausarbeiten zu können. Unterstützt werden soll dies von einer empirischen Untersuchung unter Nutzern von sozialen Netzwerken und einem Vergleich der Reichweite von verschiedenen Unternehmen in OSN. Ziel hierbei soll sein herauszufinden, wie und ob überhaupt soziale Netzwerke im Internet sinnvoll zur Personalgewinnung eingesetzt werden können.

---

[5] Vgl. O'Reilly, T., 2005.

2. Definition der Personalwirtschaftslehre und der Personalbeschaffung

Nach Jung muss zwischen der allgemeinen Personallehre und der Personalwirtschaftslehre unterschieden werden. So befasst sich Erstere mit den Problemen, die dadurch auftreten, dass in Organisationen bzw. Unternehmen Personal existiert. In der Personalwirtschaftslehre hingegen wird der Fokus geschärft und lediglich eine einzelne Unternehmung betrachtet.[6] Olfert definiert den Begriff der Personalwirtschaft schlicht als „(...) Gesamtheit mitarbeiterbezogener Gestaltungs- und Verwaltungsaufgaben im Unternehmen."[7]

An diesen beiden Exempeln lässt sich schon erkennen, dass im Bereich der Personalwirtschaftslehre keine einheitlich definierten Begriffe existieren, so dass Bezeichnungen wie Personalwirtschaft, Personalwesen oder Personalmanagement oft sinngleich eingesetzt werden. Mit dem Begriff des Personalmanagements beispielsweise wurde im deutschen Sprachraum Mitte der 80er-Jahre zunächst die Steuerung des Personals als rechenbare Größe beschrieben.[8] Eine Disziplin der Personalwirtschaft, für die heute eher der Begriff Personalcontrolling verwendet wird. Erst im Laufe der Zeit ist der Begriff mehr und mehr in den Sprachgebrauch der Verantwortlichen übergegangen und gilt mittlerweile oftmals als Synonym für Personalwirtschaft. Die genaue Bezeichnung ist jedoch letztlich nicht entscheidend. Vielmehr zählt, dass die vorgenannten und folgenden Kriterien gelten.

Das Ziel der Personalwirtschaftslehre sind Aussagen über die Gestaltungsmaßnahmen zum Einsatz von Personal im Unternehmen anhand unternehmerischer, sozialer und individueller Ziele.[9] Ihre Träger sind die Führungskräfte der Unternehmung und die Personalabteilung als Organisationseinheit.[10] Ebenfalls beteiligt an den Gestaltungsaufgaben ist die Arbeitnehmervertretung.[11] Die hier getroffenen Aussagen über die Bedingungen und die Alternativen des Einsat-

---

[6]   Vgl. Jung, H., 2011, S. 4.
[7]   Olfert, K., 2010, S. 24.
[8]   Vgl. im Folgenden Bröckermann, R., 2007, S. 19.
[9]   Vgl. Drumm, H. J., 2008, S. 11.
[10] Vgl. Olfert, K., 2010, S. 24.
[11] Vgl. Bröckermann, R., 2007, S. 18.

zes von Personal sind der Gegenstand der Personalwirtschaftslehre.[12] Mit Einsatz sind in diesem Zusammenhang verschiedenste Tätigkeiten gemeint.

Die Reichweite geht hierbei von der Personalbeschaffung, Aus- und Fortbildung, Verwendung und Freisetzung von Personal, über dessen Motivation und Führung bis hin zur Vergütung durch Lohn, soziale Leistungen oder Erfolgs- und Vermögensbeteiligungen.

Das Beschäftigungsverhältnis zwischen dem Unternehmen und dem Personal, als Summe aller Mitarbeiter, unterliegt rechtlichen und tarifvertraglichen Regelungen. Dies trägt ebenso zur Komplexität im Tätigkeitsfeld der Personalwirtschaftslehre bei, wie die Tatsache, dass beim Einsatz des Personals verschiedene Ziele – ökonomische Unternehmensziele und individuelle Ziele der Mitarbeiter – bei der Herstellung und dem Absatz konkurrenzfähiger Unternehmensleistungen berücksichtigt werden müssen.

2.1 Eingliederung der Personalbeschaffung innerhalb der Aufgaben der Personalwirtschaft

Um sich ein Bild davon zu machen an welcher Stelle innerhalb der Personalwirtschaft wir uns befinden, wenn wir die Personalbeschaffung analysieren und um die Zusammenhänge zwischen den verschiedenen Disziplinen der Personalwirtschaft besser verstehen zu können, betrachten wir zunächst die Aufgaben der Personalwirtschaft.

Die **Personalplanung** (Synonym Personalbedarfsplanung) ist die gedankliche Antizipation zukünftiger Personalveränderungen im Unternehmen und Grundlage aller anderen Aufgaben der Personalwirtschaft.[13] Dabei hat sie die wirtschaftlichen, technischen und organisatorischen Begebenheiten sowohl inner- als auch außerhalb des Unternehmens bei ihren Planungen zu berücksichtigen.[14]

---

[12]   Vgl. im Folgenden Olfert, K., 2010, S. 24.
[13]   Vgl. Olfert, K., 2010, S. 27.
[14]   Vgl. Jung, H., 2011, S. 5.

Die **Personalbeschaffung** (Synonym Personalbedarfsdeckung oder Personalgewinnung) widmet sich der Beseitigung einer in der Personalplanung ermittelten personellen Unterdeckung nach Anzahl, Art, Zeitpunkt, Dauer und Einsatzort.[15] Den Aufgaben der Personalbeschaffung widmet sich das folgende Kapitel im Detail.

Aufgabe der **Personaleinsatzplanung** ist der anforderungs- und eignungsgerechte Personaleinsatz innerhalb der Unternehmung. Sie beginnt nach dem Abschluss der Personalbeschaffung, mit Beginn der Tätigkeit eines Mitarbeiters und endet mit seinem Ausscheiden. Durch sie sollen bestmögliche Leistungsergebnisse erzielt, die Zufriedenheit der Mitarbeiter gefördert sowie die Kosten minimiert werden.[16]

Die **Personalentwicklung** ist die Gesamtheit der Maßnahmen zur Verbesserung der Qualifikation der Mitarbeiter und umfasst Ausbildung, Fortbildung und Umschulung.[17] Hintergrund ist stets der Arbeitskontext, während die Orientierungsrichtung die Erreichung von betrieblichen und persönlichen Zielen ist.[18] Sie dient auch im Rahmen der Personalbeschaffung als ein Instrument der internen Personalbeschaffung, wenn vakant gewordene Stellen durch entsprechende Höherqualifizierung mit eigenen Mitarbeitern neu besetzt werden können. (Vergleiche Kapitel 2.3.1)

Unter der **Personalfreisetzung** (Synonym Personalfreistellung) versteht man Handlungen, die sich mit einer personellen Überdeckung befassen.[19] Diese können sowohl ohne Personalabbau – z.B. durch den Abbau von Mehrarbeit oder die Einführung von Kurzarbeit – als auch mit Personalabbau durch Beendigung bestehender Arbeitsverhältnisse erfolgen.[20]

Die **Personalführung** hat das Ziel, die Unternehmensziele und grundlegenden Strategien bzw. Entscheidungen durch bereitgestellte Führungsmittel, Führungstechniken oder Führungsstile in den hierarchischen Ebenen durch die

---

[15] Vgl. ebd.
[16] Vgl. Jung, H., 2011, S. 5 sowie Olfert, K., 2010, S. 28.
[17] Vgl. Olfert, K., 2010, S. 28.
[18] Vgl. Berthel, J./ Becker, F., 2010, S. 388.
[19] Vgl. Jung, H., 2011, S. 5.
[20] Vgl. Berthel, J./ Becker, F., 2010, S. 363 sowie Olfert, K., 2010, S. 29.

Vorgesetzten umzusetzen.[21] Zusammenfassend kann man sagen, dass sie die Fähigkeiten zum Inhalt hat die das Verhalten der Mitarbeiter aktivieren, intensivieren und/oder steuern sollen.[22]

Bei der **Personalentlohnung** geht es um die geldlichen und geldwerten Leistungen des Unternehmens an seine Mitarbeiter. Ihre Aufgaben sind neben der Abrechnung und Auszahlung der Löhne und Gehälter, die Entwicklung eines gerechten und transparenten Entlohnungsschemas sowie die Steuerung der Personalkosten.[23]

In der **Personalverwaltung** sind routinemäßige, administrative Aufgaben zusammengefasst, die im Rahmen der Verwaltung der Personaldaten auftreten können. Hierzu können Dinge wie das Führen der Personalakte oder das Personalrechnungswesen gehören.[24]

Darüber, wie diese Funktionen untereinander organisiert sind, gibt es verschiedene Sichtweisen. Dies liegt sicherlich auch daran, dass die Organisationsstruktur von Unternehmen zu Unternehmen unterschiedlich ist. Wichtig ist an dieser Stelle festzuhalten, welche Funktionen existieren und welche Schnittstellen untereinander, zumindest potenziell, bestehen.

2.2 Aufgaben der Personalbeschaffung

Die Personalbeschaffung ist die Funktion der Personalwirtschaft, deren Aufgabe grundsätzlich ist, „(...) dass Personal in der erforderlichen Anzahl mit der erforderlichen Qualifikation und Kompetenz zu dem für die Erstellung der betrieblichen Leistung notwendigen Zeitpunkt oder Zeitraum an dem jeweiligen Einsatzort verfügbar ist."[25] Mit Verfügbarkeit ist nicht nur die Anwerbung,

---

[21] Vgl. Olfert, K., 2010, S. 28.
[22] Vgl. Berthel, J./ Becker, F., 2010, S. 156.
[23] Vgl. Jung, H., 2011, S. 5.
[24] Vgl. Olfert, K., 2010, S. 29.
[25] Bröckermann, R., 2007, S. 38.

Auswahl und Einstellung von Mitarbeitern gemeint, sondern auch deren Einarbeitung in ihre neue Stelle.[26]

Die kontinuierliche Verbesserung der Personalbeschaffung hat die Entstehung des Personalmarketings zur Folge gehabt. Dies hängt insbesondere mit einem geänderten Selbstverständnis der Personalverantwortlichen zusammen. Während sie sich ursprünglich eher als Betreuer und Verwalter des Personalbestands verstehen konnten, geht der Trend seit einigen Jahren in die Richtung, dass sie als Ökonomen für Humankapital sowie als Vermarkter für Erwerbs- und Karrierechancen tätig sind.[27]

Um erfolgreich arbeiten zu können benötigt die Personalbeschaffung die Daten eines qualifizierten Personalbedarfsplanes, der sich aus den Daten der Personalbedarfs- und Personalbestandsplanung ergibt.[28] Dafür zu sorgen, dass die in der Bedarfsplanung ermittelte Anzahl an Mitarbeitern mit der entsprechenden Qualifikation rechtzeitig bereitgestellt wird, ist wie bereits ausgeführt, Aufgabe der Personalbeschaffung. Sie muss hierbei Kriterien entwickeln und festlegen, ob entstehender Bedarf extern oder intern gedeckt werden soll. Gleichwohl kann die Personalbeschaffung hierbei, auf Grund der Einflussnahme von Betriebsrat, Personalabteilung und Unternehmensleitung, nicht immer nur nach zweckrationalen Gesichtspunkten entscheiden.[29]

Wenn Arbeitskräfte in beliebiger Menge und Qualifikation auf transparenten internen und externen Arbeitsmärkten vorhanden sind, kann die Beschaffung von Mitarbeitern als kurzfristige, dispositive Aktion ablaufen. Sind diese Bedingungen nicht erfüllt, müssen die internen und externen Arbeitsmärkte systematisch beobachtet, analysiert und beeinflusst werden, um eine gelungene Personalbeschaffung gewährleisten zu können. Geleistet wird diese durch zusätzliche Personalmarktforschung und das bereits erwähnte Personalmarketing.[30]

---

[26] Vgl. Drumm, H. J., 2008, S. 277.
[27] Vgl. Gmür, M. et al., 2002, S. 12.
[28] Vgl. Jung, H., 2011, S. 134.
[29] Vgl. ebd.
[30] Vgl. Drumm, H. J., 2008, S. 277 sowie Olfert, K., 2010, S. 103.

Es müssen außerdem in der Organisation bereits vorher Abläufe für den Fall festgelegt werden, dass das Unternehmen Personal beschaffen muss. Umso wichtiger ist dies, da der Handlungsspielraum der Personalbeschaffung durch autonome Personalveränderungen wie Kündigungen, Invalidität oder Tod verkürzt wird und dadurch Planung und Ausführung von Personalbeschaffungsmaßnahmen idealerweise zeitlich ineinanderfließen. Möglich ist es hierfür Vorsorge zu treffen, beispielsweise durch das Vereinbaren von Betriebsvereinbarungen zu Auswahlrichtlinien und internen Ausschreibungen oder durch die Pflege von guten Beziehungen zu lokalen Hochschulen und Personalberatern oder durch die Auflage von Einarbeitungsplänen für neu eingestellte Mitarbeiter.[31]

Idealerweise verfügt die Personalbeschaffung über eine genaue Kenntnis der zur Verfügung stehenden Arbeitsmärkte. Auf Grund dieser übt sie neben ihrer eigentlichen Hauptaufgabe auch eine Kontrollfunktion gegenüber der Bedarfs- und Unternehmensplanung aus. Zeigt sich nämlich, dass das benötigte Personal nicht fristgerecht und unter vertretbarem Aufwand bereitgestellt werden kann, so muss eine unverzügliche Rückkopplung erfolgen. Diese muss wiederum Korrekturen bei den Absatz-, Produktions- und Investitionsplänen zur Folge haben. Alternativ besteht zum Ausgleich die Möglichkeit Aufträge an Zulieferer zu vergeben oder die Produktionsverfahren umzustellen.

2.3 Methoden der Personalbeschaffung

Die bereits erwähnten Beschaffungsmärkte, intern und extern, unterscheiden sich eindeutig voneinander. Da die Personalbeschaffung auf einem dieser Märkte auf unterschiedlichen Voraussetzungen basiert, muss von Fall zu Fall entschieden werden, welcher Markt die größere Aussicht auf Erfolg bietet.[32] Hierbei lassen sich bei genauerer Betrachtung sechs Kriterien für die Entscheidungsfindung identifizieren. Diese sind Transaktionskosten, Spezifität der Qualifikationen, Lohnkosten, Akkulturationsprobleme, Investitionen in Human-

---

[31] Vgl. Jung, H., 2011, S. 134.
[32] Vgl. Jung, H., 2011, S. 136.

kapital und Mitbestimmungsregelungen. Mit Ausnahme der Lohnkosten sprechen laut Drumm sämtliche Kriterien dafür, dass eine interne Personalbeschaffung in der Regel günstiger als eine externe Rekrutierung ist.[33]

Es dürfen aber die negativen Aspekte einer ausschließlich internen Personalbeschaffung nicht übersehen werden. So können beispielsweise interne Mitarbeiter nur durch gezielte Personalentwicklungsmaßnahmen und großzügige Fortbildungsangebote, die meistens mit entsprechenden Kosten verbunden sind, so qualifiziert werden, dass sie mit der Entwicklung von Wissenschaft und Technik außerhalb des Unternehmens mithalten. Ebenso wird durch eine fast ausschließliche interne Beschaffung eine eventuelle Veränderung der Unternehmenskultur schwierig.[34]

Da die Thematik dieser Studie mit der Gewinnung von Personal über soziale Netzwerke einen klaren Fokus auf den externen Beschaffungsmarkt hat, soll dementsprechend die Beschäftigung mit den externen Instrumenten auch mehr Platz für sich in Anspruch nehmen. Nichtsdestotrotz sollen die internen Instrumente hier in der Folge auch benannt und beschrieben werden, um bei allem externen Fokus einen ganzheitlichen Blick auf die Personalbeschaffung zu behalten.

2.3.1 Interne Personalbeschaffung und ihre Instrumente

Die Ziele der internen Personalbeschaffung sind definiert als die Minimierung der Einarbeitungskosten, die synergetische Nutzung der Kenntnisse von Mitarbeitern über die Unternehmenskultur und ihr Wertesystem sowie die Realisierung des akquisitorischen Potenzials, das der bestehende Mitarbeiterstamm bietet.[35] Wenn im Unternehmen primär dieser Weg genutzt wird, entwickelt es sich – idealerweise – zu einem geschlossenen System, das nur im Falle von Kündigung, Pensionierung, Arbeitsunfähigkeit oder Tod verlassen wird. Diese Austritte müssen bei angestrebter Konstanz des Personalbestands

---

[33] Vgl. Drumm, H. J., 2008, S. 281.
[34] Vgl. Jung, H., 2011, S. 136 sowie Drumm, H. J., 2008, S. 281.
[35] Vgl. Drumm, H. J., 2008, S. 281.

durch die Neueinstellung von Berufsanfängern ausgeglichen werden. Gegen ein solches Modell spricht allerdings, dass bei den Mitarbeitern bestimmte Fähigkeitsbarrieren bestehen können, die eine immer weitergehende Höherqualifizierung verhindern. So entsteht zwangsweise der Bedarf an unternehmensexterner Beschaffung von qualifiziertem Personal.[36]

Man kann die Instrumente der internen Personalbeschaffung nach ihrer Form und ihrer Fristigkeit untersuchen. Betrachtet man zunächst den ersten Aspekt, die Form, so lassen sich die Instrumente danach unterscheiden, ob sie die bestehenden Arbeitsverhältnisse ändern oder nicht. Zu den Maßnahmen, die eine Änderung des Arbeitsverhältnisses zur Folge haben, gehören Versetzungen, Umschulungen, die Übernahme von Auszubildenden oder die Umwandlung von Teilzeit- in Vollzeit-Arbeitsverhältnisse. Keinen Einfluss auf das Arbeitsverhältnis haben hingegen Überstunden und Sonderschichten, Urlaubsverschiebungen oder die Erhöhung des Qualifikationsniveaus der Mitarbeiter durch Personalentwicklung.[37]

Außerdem können die verschiedenen Werkzeuge danach unterschieden werden, wie schnell sie zur Deckung eines Personalbedarfs beitragen können. Maßnahmen wie Überstunden, Sonderschichten und, mit Abstrichen, Urlaubsverschiebungen lassen sich zügig umsetzen und ebenfalls wieder rückgängig machen. Etwas mehr Zeit nehmen Änderungen an Arbeitsverhältnissen in Anspruch. Auch wenn sie in der Regel nach erfolgtem Angebot durch das Unternehmen relativ schnell umgesetzt werden können, so nehmen sie dennoch etwas mehr Zeit in Anspruch. Die Personalentwicklung ist die langfristigste der Personalbeschaffungsmaßnahmen, wobei auch hierbei verschiedene Fristigkeiten unterschieden werden können. Grund hierfür ist, dass sich Kenntnisse rasch vermitteln lassen, Verhaltensweisen hingegen nur sukzessive.[38]

Neben den bereits genannten Vorteilen der internen Beschaffung – relativ schnelle und kostengünstige Beschaffung von Mitarbeitern, die keine Anpas-

---

[36] Vgl. ebd.
[37] Vgl. Berthel, J./ Becker, F., 2010, S. 304.
[38] Vgl. ebd.

sungsprobleme an die Unternehmenskultur zu erwarten haben – lassen sich noch weitere positive Aspekte identifizieren. Dies sind unter anderem der positive Einfluss auf die Motivation des Arbeitnehmers sowie die verstärkte Bindung an das Unternehmen, die einhergehen mit einem verbesserten Betriebsklima.[39] Dem gegenüber stehen neben den bekannten Nachteilen – hohe Fortbildungs- und Umschulungskosten sowie eine unbewegliche Unternehmenskultur – vor allem psychologische Aspekte. Abgesehen davon, dass durch die Rekrutierung interner Bewerber lediglich eine Verlagerung des quantitativ bestehenden Bedarfs erfolgt, kann es zu Enttäuschungen bei abgelehnten internen Bewerbern oder zu Spannungen zwischen den potenziellen Bewerbern kommen; ebenso kann das Verhältnis der Personalabteilung zu Führungskräften eventuell Schaden nehmen.[40] Allen internen Personalbeschaffungswegen gemeinsam ist die Gefahr der Betriebsblindheit. Während neueingestellte Mitarbeiter in der Regel schnell komplizierte, bürokratische oder überholte Prozesse an ihrem neuen Arbeitsplatz identifizieren können, sind Interne nicht in der Lage solche Impulse zu geben, da sie die Andersartigkeit der herrschenden Arbeitsabläufe schlicht nicht erkennen können.[41]

2.3.2 Externe Personalbeschaffung und ihre Instrumente

Die externe Personalbeschaffung wird genutzt, wenn sich der interne Beschaffungsweg aus einem der zuvor genannten Gründe als unmöglich oder unzweckmäßig herausstellt. Sie bezieht sich primär auf Arbeitskräfte, die als Arbeitnehmer, also Angestellte oder Arbeiter, in die Unternehmung eingegliedert werden sollen. Außerdem werden hierbei auch Arbeitskräfte gesucht, die letztlich nicht als Arbeitnehmer im Unternehmen tätig werden. Beispiele hierfür sind Leiharbeitnehmer oder freie Mitarbeiter.[42]

Ihre Ziele sind erstens „(...) die Nutzung von Fähigkeitspotenzialen als Ressource, wenn diese Potenziale innerhalb der Unternehmung nicht entwickelt

---

[39] Vgl. Olfert, K., 2010, S. 107.
[40] Vgl. ebd.
[41] Vgl. Bröckermann, R., 2007, S. 71f.
[42] Vgl. Olfert, K., 2010, S. 113.

werden können."[43] Zweites Ziel ist die Gewinnung von Berufsanfängern oder Auszubildenden mit der Absicht bei ihnen Fähigkeitspotenziale mit Nutzen für das Unternehmen aufzubauen.[44] Diese Ziele sind sowohl kurz- und mittelfristig zur akuten Bedarfsdeckung ausgerichtet als auch langfristig um externe Mitarbeiterpotenziale für zukünftige Personalunterdeckungen des Unternehmens zu erschließen.[45]

Die akute Bedarfsdeckung arbeitet analog eines werbetechnisch unterstützten Verkaufs mittels gezielter Personalanwerbung oder Bewerberansprache.[46] Unter langfristig angelegter Personalbeschaffung verbirgt sich hingegen das, was gemeinhin unter dem Begriff Personalmarketing bzw. dem „Employer Branding" verstanden wird. Der Branchenverband Quality Employer Branding e.V. definiert es folgendermaßen: „Employer Branding hat zum Ziel, in den Wahrnehmungen zu einem Arbeitgeber eine unterscheidbare, authentische, glaubwürdige, konsistente und attraktive Arbeitgebermarke auszubilden, die positiv auf die Unternehmensmarke einzahlt."[47] Laut Gmür et al. potenziert die Entwicklung einer solchen Arbeitgebermarke die Chancen auf eine erfolgreiche Nachwuchsrekrutierung, da es hierbei schon lange vor der tatsächlichen Arbeitsplatzsuche zu positiven Berührungspunkten und Erlebnissen zwischen dem Unternehmen und dem künftigen Bewerber kommt.[48] Einsetzen lässt sich das Employer Branding auf fast allen Kanälen der externen Personalbeschaffung, die im Folgenden detaillierter beschrieben werden.

Bei **Personalberatern** kann man zwischen der staatlichen Arbeitsvermittlung durch die Agentur für Arbeit und private Dienstleister mit unterschiedlich ausgerichtetem Leistungsspektrum unterscheiden. Dieses reicht potenziell von der Analyse der zu besetzenden Position, der Formulierung von Anzeigetexten, dem sogenannten "Head Hunting", der Bewertung eingegangener Bewerbungsunterlagen inkl. Grobselektion und Einholung von Referenzen, der Mitwirkung bei der Vorstellung beim Auftraggeber und letztendlich auch die

---

[43] Drumm, H. J., 2008, S. 284.
[44] Vgl. ebd.
[45] Vgl. Berthel, J./ Becker, F., 2010, S. 306.
[46] Vgl. ebd.
[47] Vgl. Quality Employer Branding e.V., o.J..
[48] Vgl. Gmür, M. et al., 2002, S. 14.

Beratung bei der Auswahlentscheidung sowie evtl. auch der Gestaltung von Arbeitsverträgen.[49] Ihr Einsatz eignet sich insbesondere für die Rekrutierung von Arbeitskräften der höheren Hierarchieebene, da durch sie das Risiko einer Fehleinschätzung, die in diesen Bereichen gravierende Folgen haben kann, erheblich minimiert wird.[50] Dieses Instrument ist zwar sehr teuer, erreicht allerdings im Gegenzug, unabhängig von der Arbeitsmarktsituation, große Besetzungserfolge.[51]

Stellenanzeigen können in Zeitungen, Zeitschriften oder anderen Werbeträgern (z.B. Informationsbroschüren) geschaltet werden. Die Auswahl richtet sich hierbei nach den gewünschten Qualifikationen der potenziellen Angestellten. Die hierdurch entstehenden Kosten sind je nach gewähltem Medium sehr unterschiedlich.[52] Als Alternative zu den konventionellen Printmedien können die Inserate auch über das Internet veröffentlicht werden, wobei auch hier noch weiter zwischen verschiedenen Angeboten differenziert werden muss. So kann im Internet zum einen zwischen kommerziellen und nicht kommerziellen Jobbörsen von Verbänden oder Hochschulen unterschieden werden. Ihre Dienstleistung liegt in der Pflege und Gestaltung von Datenbanken mit aktuellen Stellengesuchen und –angeboten. Großer Vorteil dieser Angebote ist ihre Aktualität und Schnelligkeit in Verbindung mit einer gerade im Vergleich zu Printmedien kostengünstigen und globalen Verbreitung.[53] Eine Sonderform der Internet Jobbörse sind die Angebote von Zeitungs- und Zeitschriftenverlagen, die bei ihnen geschalteten Inserate auch auf ihrem eigenen Online-Stellenmarkt zu veröffentlichen, da es sich hierbei nicht um eine reine Internet Jobbörse handelt, sondern nur um eine andere Form der Platzierung einer parallel in einem Printmedium geschalteten Anzeige.[54] Letzte Möglichkeit der Platzierung eines Stellenangebots im Internet ist die eigene Homepage des Unternehmens.[55]

---

[49] Vgl. Berthel, J./ Becker, F., 2010, S. 307.
[50] Vgl. Jung, H., 2011, S. 150.
[51] Vgl. Drumm, H. J., 2008, S. 287.
[52] Vgl. Jung, H., 2011, S. 146.
[53] Vgl. Berthel, J./ Becker, F., 2010, S. 309.
[54] Vgl. ebd.
[55] Vgl. Jung, H., 2011, S. 148.

Das **College Recruiting** (Synonym Campus Recruiting) verfolgt das Ziel geeignete potenzielle Mitarbeiter, in diesem Fall zukünftige Hochschulabsolventen, bereits früh für das Unternehmen zu gewinnen. Fachvorträge an Hochschulen, Bereitstellen von Praktikantenstellen, Zusammenarbeit bei Diplomarbeiten, Forschungsprojekte, Unterstützung von Dissertationen, Hochschulkontaktmessen oder Anzeigen in Hochschulpublikationen werden unter anderem hierfür eingesetzt. Diese Methode ist besonders bei einer angespannten Arbeitsmarktsituation geeignet. Ihre Kosten und Erfolge können jedoch nur im konkreten Einzelfall angegeben werden.[56]

Bei der **Arbeitnehmerüberlassung** (Synonym Personalleasing) leiht sich das Unternehmen von speziellen Anbietern Arbeitnehmer und beschäftigt diese.[57] Die hierdurch entstehenden Beziehungen werden in der folgenden Abbildung dargestellt.

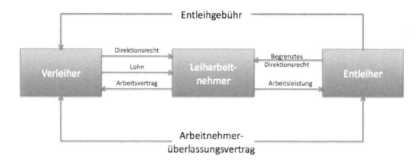

Abbildung 1 – Rechtliche Beziehungen bei der Arbeitnehmerüberlassung
Quelle: Eigene Darstellung in Anlehnung an Olfert, K., 2010, S. 124.

Sie wurde früher vor allem im Verwaltungsbereich für Schreibkräfte oder im gewerblichen Bereich für Monteure oder andere technische Fachkräfte eingesetzt, wenn es nötig war kurzzeitige Leistungsspitzen, verursacht durch Urlaub, Krankheit etc., im Unternehmen auszugleichen.[58] Inzwischen wird sie auch gezielt über längere Zeiträume eingesetzt, begünstigt durch die mittlerweile

---

[56] Vgl. Berthel, J./ Becker, F., 2010, S. 308 sowie Jung, H., 2011, S. 150 und Drumm, H. J., 2008, S. 287.
[57] Vgl. Jung, H., 2011, S. 144.
[58] Vgl. Olfert, K., 2010, S. 126 sowie Jung, H., 2011, S. 145.

entfallene gesetzliche Befristung von Arbeitnehmerüberlassungen. Hinzu kommt ein beträchtlich gewachsenes Spektrum an Einsatzfeldern, so dass mittlerweile auch Diplom-Kaufleute oder Diplom-Ingenieure hierüber vermittelt werden.[59] Die durch Leiharbeitnehmer entstehenden Kosten sind zwar höher als die für eigene Mitarbeiter, dafür bekommt das Unternehmen jedoch auf der anderen Seite die Sicherheit, dass arbeitsrechtliche Auseinandersetzungen nach Ablauf der Beschäftigungszeit vermieden werden und das Risiko einer Fehleinstellung erheblich reduziert wird.[60]

Das letzte betrachtete Instrument für die externe Personalbeschaffung ist das gezielte **Anwerben** von Personal. Dies kann auf zwei verschiedenen Wegen erfolgen. Die erste Variante ist die Anwerbung von Bekannten oder Angehörigen der eigenen Belegschaft.[61] Während Drumm in ihr eine potenzielle Gefahrenquelle durch Vetternwirtschaft sieht, zeigt eine von Weitzel durchgeführte Studie, dass die Personalverantwortlichen mit Kandidaten, die über persönliche Netzwerke eingestellt wurden, im Durchschnitt am zufriedensten sind.[62] Die zweite Variante ist die gezielte Anwerbung von Einzelpersonen oder ganzen Abteilungen von fremden Unternehmen. Diese Variante ist typisch für angespannte Arbeitsmärkte und kann sehr hohe Kosten verursachen. Sie ist vor allem in der Medienwirtschaft für Redakteure oder Spitzenjournalisten seit dem Ende der 1990er Jahre in Mode gekommen und zur Standardstrategie avanciert. Ihre Wirksamkeit kann durch Konkurrenzschutzklauseln in den Arbeitsverträgen der abgeworbenen Mitarbeiter erheblich erschwert werden.[63]

Die Vorteile einer externen Personalbeschaffung sind unter anderem eine breitere Auswahlmöglichkeit bei den Kandidaten, neue Impulse für die Unternehmung und Verringerung der Betriebsblindheit, größere Akzeptanz des externen im Vergleich zum internen Bewerber, keine personellen Abhängigkeiten oder Verstrickungen in frühere Entscheidungen des externen Bewerbers, direkte Lösung des quantitativen Personalbedarfs sowie eventuelle Informationen über das Verhalten der Konkurrenz. Auf der Seite der Nachteile finden sich

---

[59] Vgl. Olfert, K., 2010, S. 126.
[60] Vgl. Olfert, K., 2010, S. 127 sowie Jung, H., 2011, S. 145.
[61] Vgl. Drumm, H. J., 2008, S. 287f sowie Jung, H., 2011, S. 151.
[62] Vgl. Drumm, H. J., 2008, S. 288 sowie Weitzel, T., 2011.
[63] Vgl. Drumm, H. J., 2008, S. 288.

höhere Beschaffungskosten, Fluktuations- und Frustrationsgefahr bei einer hohen externen Einstellungsquote und dadurch negative Auswirkungen auf das Betriebsklima sowie Unkenntnis des Externen über den Betrieb die eine längere Einarbeitung nötig macht.[64]

---

[64] Vgl. Olfert, K., 2010, S. 113 sowie Jung, H., 2011, S. 152.

3. Von sozialen Netzwerken zu Online Social Networks

Bereits im Jahr 400 v. Chr. beschrieb Aristoteles den Menschen als „zoon politikon",[65] also ein Wesen mit dem elementaren menschlichen Bedürfnis, Gemeinschaften zu suchen oder zu bilden. Dies zeigt auf, dass der Gemeinschaftsgedanke an sich – insbesondere in den Sozialwissenschaften – ein bereits seit langem bekanntes und viel untersuchtes Phänomen ist, welches allerdings mit der Entwicklung des Internets und dem Aufkommen von OSN (u.a. als Folge der sich zunehmend vernetzten und sich vernetzenden Gesellschaft) eine neue Dimension erhielt. Die Grenzen der althergebrachten Formen von Gemeinschaften – die persönliche Kommunikation, physische Präsenz und die örtliche Nähe ihrer Mitglieder – wurden durch die modernen Informations- und Kommunikationstechnologien zunehmend aufgelöst. Gleichzeitig entstanden hierdurch neue Gemeinschaften als OSN im World Wide Web. Diese weisen im Gegensatz zu den traditionellen sozialen Netzwerken, mit einer kleinen Anzahl relativ homogener Mitglieder, eine wesentlich komplexere und heterogene Nutzerstruktur auf.[66]

Das erste nennenswerte OSN, SixDegrees.com, entstand 1997. Es erlaubte Nutzern eigene Profile zu erstellen, ihre Freunde aufzulisten und, ab dem Jahr 1998, die Profile ihrer Freunde zu durchstöbern. Alle diese Funktionen hatte es zuvor schon auf anderen Webseiten gegeben, hier wurden sie zum ersten Mal miteinander kombiniert. Trotz seines Erfolges – SixDegrees.com hatte bereits Ende der 1990er-Jahre Millionen von Nutzern – wurde der Service im Jahr 2000 eingestellt, da es dem OSN nicht gelungen war, ein nachhaltiges Geschäftsmodell zu etablieren.[67] In den darauffolgenden Jahren von 1997 bis 2001 begann eine Reihe von OSN, wie z.B. AsianAvenue.com, BlackPlanet.com, MiGente.com oder LiveJournal.com, verschiedene Kombinationen technischer Funktionen, z.B. die Erstellung von Profilen, Freundschaftslisten, Gästebücher etc., zu etablieren. Im Jahr 2001 entstand mit Ryze.com das erste Business Network, welches den Aufbau und die Pflege von geschäftlichen

---

[65] Griechisch, übersetzt: „Lebewesen in der Polisgemeinschaft"
[66] Vgl. Heidemann, J., 2010, S. 266.
[67] Vgl. Boyd, D. M./ Ellison, N. B., 2007.

Kontakten unterstützte und letztlich Vorbild für in den darauffolgenden Jahren entstandene Business Networks, wie beispielsweise Xing.com, war. Diese ersten Gründerjahre legten schließlich den Grundstein für das Aufkommen weiterer populärer Online Social Networks, wie z.b. MySpace.com, Facebook.com oder StudiVZ.net, die seit dem Jahr 2003 nachhaltig das Geschehen um OSN prägen.

Hierbei lassen sich im Rückblick verschiedene Ausprägungen der OSN beobachten. Während die gesellschaftlich ausgerichteten Plattformen auf eine möglichst große Zahl von Nutzern aus sind, konzentrieren sich Seiten wie LinkedIn oder Xing auf Geschäftsleute. An Hobbies orientierte Dienste wie Dogster oder Catster wiederum versuchen Fremde mit gemeinsamen Interessen, in diesem Fall Hunde oder Katzen, in Verbindung zu bringen. Darüber hinaus statteten Webdienste, wie YouTube (Video), Flickr (Bilder) oder Last.FM (Musik), die sich bisher auf das Austauschen von Multimedia konzentriert hatten, ihre Seiten zusätzlich mit Funktionen der OSN aus.[68]

3.1 Begriffsdefinition

Der Begriff der Online Social Networks, kurz OSN, wird generell mit neuen Trends und Technologien und hier insbesondere mit dem Web 2.0 assoziiert. Auch wenn er erstmals bereits Ende der neunziger Jahre im Zusammenhang mit der Webseite sixdegrees.com Erwähnung fand, so gelangte er doch erst mit etwas zeitlicher Verzögerung und der Masse an neu entstandenen Online Social Networks zu seiner heutigen Popularität. Analog zu anderen relativ neuen Phänomenen existiert auch hierfür noch kein allgemein gültiger Begriff. Vielmehr existieren eine Reihe von Bezeichnungen, wie soziales Netzwerk, Social Network Site oder Online Community, die oft synonym verwendet werden und alle mehr oder weniger dasselbe meinen.

---

[68] Vgl. Boyd, D. M./ Ellison, N. B., 2007.

Die bedeutendste Arbeit zur Definition und Geschichte der OSN stammt von Boyd und Ellison. [69] Sie definieren diese als webbasierte Dienste, die es (1) Personen erlauben, öffentliche oder halböffentliche Profile innerhalb eines geschlossenen Systems zu erstellen, (2) eine Liste anderer Personen innerhalb des Systems aufzustellen, zu denen sie eine Verbindung haben und (3) diese Liste von Verbindungen, egal ob die der eigenen oder die der anderen Nutzer, anzuschauen und zu durchstöbern. Die Art und die Bezeichnung der Verbindungen variiert dabei von Dienst zu Dienst. Obwohl der Begriff Networking, also das aktive Initiieren neuer Verbindungen zu bisher Fremden, oft im Zusammenhang mit diesen Webseiten verwendet wird und dort auch möglich ist, so ist es doch auf den meisten eher unüblich. Vielmehr verwenden die meisten Nutzer sie zur Kommunikation mit Mitgliedern ihres realen sozialen Netzwerks.

Obwohl OSN mittlerweile eine große Zahl von technischen Funktionen eingebaut haben, so besteht ihr Rückgrat immer noch aus der Visualisierung von Nutzerprofilen, deren Freundeslisten und bestehenden Verbindungen innerhalb des Systems. Nach der Anmeldung bei einem OSN muss der Nutzer Formulare mit vorgegebenen Fragen bezüglich Alter, Wohnort, Vorlieben und Interessen ausfüllen. Das Profil wird mit den hier gemachten Angaben gefüllt. Die meisten OSN ermuntern ihre Nutzer außerdem dazu ein Profilbild hochzuladen. Einige Seiten erlauben ein individuelles Design zu individualisieren. Die Sichtbarkeit von Profilen variiert je nach OSN und der Diskretion der Nutzer.

Anschließend an die Einrichtung des eigenen Profils, wird der Nutzer dazu aufgefordert, andere Nutzer des Systems zu identifizieren, mit denen er in Verbindung steht. Die Bezeichnung dieser Verbindungen variiert ebenfalls von Anbieter zu Anbieter. Beliebte Ausdrücke sind „Freunde", „Kontakte" oder „Fans". Einige OSN erfordern eine Bestätigung der Verbindung durch den anderen Nutzer, andere verzichten darauf.

Die öffentliche Sichtbarkeit von Verbindungen zwischen Nutzern ist ein essentieller Bestandteil von OSN. Die Liste der Verbindungen zu anderen Nutzern enthält Links zu dem Profil jedes „Freundes". Dies ermöglicht es Nutzern die

---

[69] Vgl. im Folgenden Boyd, D. M./ Ellison, N. B., 2007.

Verbindungen der anderen Nutzer und die Profile von deren „Freunden" zu durchstöbern. Die meisten OSN bieten ihren Nutzern zudem die Möglichkeit Nachrichten auf den Profilen ihrer Freunde zu hinterlassen. Dazu gehört erstens typischerweise die Option einen auch für andere Nutzer sichtbaren Kommentar auf dem Profil zu hinterlassen. Die zweite obligatorische Variante ist die, dem anderen Nutzer eine private Nachricht, ähnlich wie bei Webmail Diensten, zukommen zu lassen.

Nicht alle OSN waren auch ursprünglich als solche konzipiert. Viele heute vor allem international bekannte Netzwerke fügten erst später entsprechende Funktionen zu ihren Webseiten hinzu. Skyrock aus Frankreich startete zum Beispiel als Anbieter für Blogs. QQ aus China war zunächst ein reiner Anbieter für das Versenden von Nachrichten. Heute sind beide in Ihren Ländern populäre OSN.

Abgesehen von den bereits erwähnten Grundfunktionen – Profile, Freunde, private Nachrichten und Kommentare – variieren die OSN untereinander sehr stark, was die darüber hinaus angebotenen Funktionen angeht. Manche bieten Möglichkeiten zum Teilen von Videos oder Fotos, andere verfügen über die integrierte Technologie zum Bloggen oder Chatten. Es gibt spezielle OSN für mobile Endgeräte, z.B. Dodgeball, aber auch die Möglichkeit andere populäre OSN, z.B. Facebook oder MySpace, über spezielle Applikationen auf mobilen Endgeräten zu Nutzen. Viele OSN fokussieren sich zumindest zu Beginn auf eine bestimmte geographische oder sprachliche Klientel, was sich aber wie die Erfahrung gezeigt hat im Laufe der Zeit komplett ändern kann. So startete das erste von Google initiierte OSN, Orkut, als rein englischsprachiges Angebot. Mittlerweile ist der Dienst im portugiesisch sprachigen Brasilien am populärsten.

3.2 Struktur und Eigenschaften

Strukturell betrachtet, lässt sich das Beziehungsgeflecht eines OSN als Graph mit einer abgegrenzten Menge von Knoten (Nutzer) und einer Menge von Kanten (Beziehungen) zwischen diesen Knoten modellieren. Die Kanten bilden ab, wer mit wem in Verbindung steht, und beschreiben soziale Interaktionen oder Beziehungen zwischen den Akteuren.[70] Die folgende Abbildung illustriert beispielhaft ein solches Netzwerk.

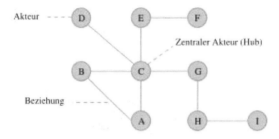

Abbildung 2 – Beispielhaftes OSN mit 9 Nutzern
Quelle: Heidemann, J., 2010

Hier werden besonders die so genannten Hubs, also Nutzer mit besonders vielen Verbindungen zu anderen Nutzern, sichtbar. Die IT-gestützte Vernetzung der einzelnen Akteure ermöglicht eine wesentlich höhere Transparenz des Beziehungsgeflechts als in realen sozialen Netzwerken. Eine Tatsache, die sich viele OSN bei der Visualisierung von Netzwerken zu Nutze machen.[71]

Die Erforschung der OSN ist naturgemäß erst mit ihrer gestiegenen Popularität in den Fokus der Wissenschaft gerückt. Hier bestätigen sich allerdings Erkenntnisse der Netzwerkforschung, die bereits vor Jahrzehnten getroffen wurden. Bereits im Jahr 1967 kam der amerikanische Psychologe Stanley Milgram im Rahmen einer Untersuchung zu der Feststellung, dass jeder Mensch auf der Welt mit jedem anderen Menschen über Durchschnittlich „sechs Ecken" bekannt ist.[72] Er spricht hierbei unter anderem vom „small world

---

[70] Vgl. Koch, M. et al., 2007, S. 449.
[71] Vgl. Heidemann, J., 2010, S. 265.
[72] Vgl. Milgram, S., 1967, S. 60.

phenomenon".[73] Diese Hypothese wurde unter anderem im Jahr 2008 durch Leskovec und Horvitz in einer Analyse umfassend bestätigt. Sie untersuchten hierfür 240 Millionen Accounts von Instant Messenger Diensten. Mit dem Ergebnis, dass jeder jeden über „6,6 Ecken" kennt.[74] Ursächlich hierfür ist, dass sich bei sozialen Netzwerken und damit auch bei OSN um skalenfreie Netzwerke handelt, in denen die Verbindungen nicht gleich über alle Nutzer verteilt sind. Vielmehr gibt es viele Nutzer mit relativ wenigen Verbindungen (in Abb. 1 z.B. Akteur D) und einige wenige Nutzer (in Abb. 1 z.B. Akteur C), die dafür umso stärker vernetzt sind.[75]

Einige weitere wichtige Erkenntnisse über OSN liefert die Arbeit von Mark Granovetter über die Auswirkung der sozialen Vernetzung aus dem Jahr 1973, in der er die Theorie der „strength of weak ties"[76] aufstellt. Diese besagt, dass Informationsvorsprünge oftmals gerade aus flüchtigen Beziehungen entstehen, da eine höhere Wahrscheinlichkeit dazu besteht, dass eine flüchtige Bekanntschaft (= weak tie) auch in anderen Kreisen verkehrt als eine enge Bekanntschaft (= strong tie). Dadurch steigt dementsprechend die Wahrscheinlichkeit, dass Informationen aus anderen Kreisen eine Person schneller erreichen, die auch flüchtige Verbindungen unterhält als eine Person, die nur enge Verbindungen unterhält. Eine „weak tie" wird so gesehen also zur „strong tie".[77] Umgesetzt auf OSN bedeutet dies beispielsweise Vorteile in Netzwerken wie Xing oder LinkedIn, in denen es darum geht Zugang zu neuen Informationen (z.B. einen Job) zu erhalten.

Eine entscheidende Rolle, was den Erfolg eines OSN angeht, spielt laut einer weiteren wissenschaftlichen Untersuchung die Struktur innerhalb eines OSN. Wesentliche strukturelle Determinanten sind demnach die Größe, also die Anzahl an Mitgliedern, und die Dichte, also der Quotient aus der tatsächlichen und der potenziellen Anzahl an Beziehungen, des gesamten Netzwerks. Wobei

---

[73] Englisch, übersetzt: das Kleine-Welt-Phänomen
[74] Vgl. Leskovec, J./ Horvitz, E., 2008.
[75] Vgl. Kiss, C./ Bichler, M., 2008, S. 233.
[76] Englisch, frei übersetzt: Stärke der schwachen Verbindung
[77] Vgl. Granovetter, M. S., 1973, S. 1377f.

die Untersuchung im Weiteren davon ausgeht dass die Dichte letztendlich das zwingende der beiden Kriterien für den Erfolg eines OSN ist.[78]

Eine dritte entscheidende Größe wird ebenfalls in zahlreichen Studien erwähnt und betrifft die Bedeutung bzw. Vernetzung eines Mitglieds innerhalb des Netzwerks.[79] Die bekanntesten Maße hierfür liefert die Arbeit von Freeman mit dem Titel „Centrality in Social Networks". Dort definiert er die Degree Centrality, Betweenes Centrality und die Closeness Centrality, welche die Bedeutung eines Nutzers bzw. Knotens im Netzwerk quantifiziert.[80] Ebenso kann der von den späteren Gründern des Suchdienstes Google, Lawrence Page und Sergey Brin, ursprünglich als Bewertungsalgorithmus für Webseiten entwickelte PageRank als Maßeinheit für die relative Bedeutung eines Mitglieds innerhalb eines OSN verwendet werden.[81] Gemeinsame Erkenntnis aller Forschungen zu diesem Thema ist, dass es erst das Verständnis der Struktur eines OSN ermöglicht, dessen Nutzenpotenziale zu erkennen und zu verwerten.

---

[78] Vgl. Howard, B., 2008, S. 16.
[79] Vgl. Heidemann, J., 2010, S. 266; Kiss, C./ Bichler, M., 2008, S. 250 sowie Bampo, M. et al., 2008, S. 288.
[80] Vgl. Freeman, L., 1978, S. 255ff.
[81] Vgl. Brin, S./ Page, L., 1998, S. 9f.

4. Mehrwertpotenziale von Online Social Networks

Bevor wir die Vorteile der OSN für die Personalgewinnung genauer analysieren, betrachten wir noch kurz die Vorteile von realen sozialen Netzwerken hierfür. Die Wirkungspotenziale der Beschaffung von Personal über reale soziale Netzwerke lassen sich in die Phasen vor und nach der Einstellung einteilen.[82] Vor der Einstellung profitiert das Unternehmen davon, dass ihm von den eigenen Mitarbeitern nur qualitativ hochwertige Kandidaten empfohlen werden, um die eigene Reputation nicht zu schädigen.[83] Danach gewinnt es durch die einfachere Integration des neuen Mitarbeiters in das Unternehmen.

Die bereits bei der Nutzung realer sozialer Netzwerke vorhandenen Mehrwerte werden durch die Eigenschaften des Internets im Allgemeinen und die Nutzungsmöglichkeiten der OSN im Speziellen ergänzt. Hierfür entstanden die in Kapitel 3 erwähnten OSN mit Fokus auf Geschäftskontakte, also sozusagen Karrierenetzwerke. Die bereits bekannte Unterscheidung in zwei verschiedene zeitliche Phasen der Wirkungspotenziale trifft auch in diesem Bereich wieder zu. Im Hinblick auf das Thema dieser Arbeit konzentrieren wir uns hier jedoch vornehmlich auf die Phase der Personalbeschaffung und -auswahl. Nicht unerwähnt bleiben soll jedoch, dass es auch im Gebiet der Personalentwicklung, bspw. im Wissensmanagement einige Nutzenpotenziale gibt. Als gutes Beispiel für das Wissensmanagement innerhalb einer Unternehmung können hier die IBM Blue Pages genannt werden. Hierbei handelt es sich um ein internes Expertenverzeichnis, das den Wissensaustausch zwischen den Mitarbeitern fördert und das organisatorische Lernen unterstützt.[84]

Die folgenden Mehrwerte von Online Social Networks für die Personalbeschaffung und -auswahl basieren auf der Arbeit von Griesbaum, Mandl und Schäuble aus dem Jahr 2009.[85] Die Autoren beschäftigen sich darin eingehend mit den Mehrwertpotenzialen von OSN wie Xing oder LinkedIn für die Personalbeschaffung.

---

[82] Vgl. Schäuble, T. et al., 2009 mit einem Zitat von Hochenrieder, F., 2006, S. 2168f.
[83] Vgl. ebd.
[84] Vgl. Heidemann, J., 2010, S. 264.
[85] Vgl. im Folgenden Schäuble, T. et al., 2009, S. 2170ff.

Profile: Die Profile der Nutzer erlauben es den Unternehmen Informationen über Lebenslauf, Interessen, Aktivitäten und soziale Kontakte potenzieller Kandidaten einzusehen. Hieraus lassen sich Rückschlüsse auf den beruflichen Werdegang und eventuell erforderliche Schlüsselqualifikationen und somit auf die qualitative Eignung der Kandidaten ziehen. Hierdurch entsteht die Möglichkeit ein **Branchen- oder Bewerber-Monitoring** durchzuführen. Die genannten OSN bieten überdies die Möglichkeit bestimmte Branchenumfelder mittels eines automatisierten Suchagenten kontinuierlich zu beobachten. Die Firmen sind dadurch in der Lage sich in regelmäßigen Abständen Auswertungen nach definierten Kriterien anfertigen zu lassen, um interessante Kandidaten in der Masse zu finden. Durch die ebenfalls gegebene Möglichkeit der langfristigen Kontaktpflege zu Kandidaten, kann ein solches OSN als Talentpool für ein Unternehmen fungieren. Der Vorteil eines solchen Talentpools gegenüber eines firmeneigenen ergibt sich aus der Intention der Registrierung. Während in den firmeneigenen Pool nur Kandidaten aufgenommen werden, die sich aktiv beim jeweiligen Unternehmen beworben haben, bieten OSN die Chance ein größeres und systematisch gepflegtes Reservoir an potenziellen Fach- und Führungskräften anzulegen.

Visualisierung sozialer Verbindungen: Die ebenfalls typische Visualisierung bestehender Verknüpfungen zwischen den Nutzern eines OSN stellt ebenfalls einen Mehrwert für die Unternehmen dar. Dies ist der Fall, wenn dadurch Mitarbeiter als Kontaktpersonen zu den potenziellen Anwärtern identifiziert werden können. Diese können im weiteren Verlauf des Beschaffungsprozesses als Informations- bzw. Identifikationsbrücken zwischen Unternehmen und Aspirant dienen. Es ist anzunehmen, dass dadurch die Seriosität der Anfrage erhöht wird und gleichzeitig der Aufbau einer Vertrauensbasis erleichtert wird. Wichtig ist allerdings, dass hierfür im Unternehmen eine ganzheitliche Strategie verfolgt werden müsste. Diese würde beinhalten, dass die Mehrheit der Mitarbeiter und ihre sozialen Verbindungen erfasst werden, beispielsweise mit Hilfe eines OSN wie Xing oder LinkedIn.

Erschließung des latent-wechselwilligen Arbeitnehmerpotenzials: Auf Grund der vorgenannten Vorteile ermöglichen OSN den Unternehmen einen

Strategiewechsel in der Personalbeschaffung. Sie können hierbei von einer passiven Vorgehensweise mit Abhängigkeit von aktiv suchenden Kandidaten hin zu einem aktiven Beschaffungsprozess wechseln. Grund hierfür ist, dass sich, wie bereits beschrieben, durch das soziale Kapital der eigenen Mitarbeiter ein zusätzlicher Informations- und Empfehlungskanal eröffnet. Anstelle der Pflege eines firmeneigenen Talentpools kann durch die gezielte Ergänzung der Personalbeschaffungsprozesse durch OSN das latent vorhandene Arbeitnehmerpotenzial aktiv erschlossen werden. Dieser Mehrwert ergibt sich, wenn sowohl der Empfehlungsprozess durch die eigenen Mitarbeiter systematisiert als auch die Ansprache von und die Suche nach geeigneten Kandidaten mittels OSN initiiert wird.

Kostensenkung: Bei der Betrachtung der Kostenseite fallen mehrere Aspekte ins Auge. Zunächst einmal wird durch die diversen Filter- und Suchfunktionen von OSN der Zeitaufwand bei der Kandidatensuche reduziert. Die weiter oben erwähnten Nachrichtenfunktionen senken gleichzeitig die Kommunikationsbzw. Transaktionskosten. Weiterhin können bei dem Einsatz von OSN als Talentpool die Entwicklungs- und Administrationskosten für einen firmeneigenen Talentpool entfallen. Dies stellt gerade für kleine und mittelständische Unternehmen, die hierfür extra in Hard- und Software sowie qualifiziertes Personal zur Administration investieren müssten, eine interessante Option dar. Außerdem bieten OSN den Unternehmen eine, in Relation zu reinen Internet Stellenbörsen, gute Möglichkeit ihre Stellenanzeigen einer sehr großen Masse zugänglich zu machen, von der mittlerweile ungefähr jedes zehnte Unternehmen regelmäßig Gebrauch macht.[86]

---

[86] Vgl. Weitzel, T., 2011.

4.1 Mögliche Hindernisse

Eine Nutzung von OSN in der Personalwirtschaft bringt einige Veränderungen und folglich auch Herausforderungen für die Unternehmen und deren Mitarbeiter mit sich. Zur vollständigen Beurteilung des Mehrwerts von OSN ist es daher unabdingbar auch die möglichen erfolgskritischen Faktoren sowie datenschutzrechtliche Beschränkungen und ethische Bedenken in die Betrachtung mit einzubeziehen. Auf die beiden erstgenannten soll im Folgenden ausführlicher eingegangen werden. Ob Unternehmen das Abwerben von Mitarbeitern, die sich in festen Anstellungsverhältnissen befinden, ethisch bedenklich finden oder nicht, hängt mit Sicherheit von der Unternehmensführung und -kultur ab und lässt sich schwerer objektiv beurteilen als die anderen beiden Punkte.

4.1.1 Erfolgskritische Faktoren

Neben der Gefahr, dass auch eigene Mitarbeiter über OSN von anderen Unternehmen abgeworben werden, besteht auch die Möglichkeit, dass keine kritische Masse an Angestellten erreicht wird, die sich via OSN vernetzen und somit verhindern, dass die Anwendungen ihr Potenzial entfalten können.[87] Hinzu kommt, dass auf Grund der Tatsache, dass es sich bei Verbindungen über OSN eben nicht um echte „face-to-face" Netzwerke handelt, die Glaubwürdigkeit eingeschränkt und damit auch das Vertrauen zunächst gering ist.[88] Um die erwähnte kritische Masse zu erreichen ist eine möglichst ganzheitliche Erfassung und strategische Integration der Angestellten auf einer OSN Plattform anzustreben. Kritischer Faktor hierbei ist die Motivation der Mitarbeiter zur Partizipation. Zunächst müssen Anreize zur regelmäßigen Nutzung geschaffen und Ängste abgebaut werden. Außerdem sind Datenschutzbestimmungen zu definieren und technologisch unerfahrene Mitarbeiter mit denen für sie eventuell neuen Technologien vertraut zu machen.[89]

---

[87] Vgl. Cyganski, P., 2008, S. 305ff.
[88] Vgl. Clemons, E. K. et al., 2007, S. 272.
[89] Vgl. Schäuble, Mandl & Griesbaum, 2009, S. 2172ff.

Weiterhin ist der Bedarf an personellen und finanziellen Ressourcen für den Aufbau von Know-how und das Durchführen von aktiver Personalbeschaffung nicht zu unterschätzen. Die zusätzliche Gefahr der Diskriminierung und des Ausschlusses potenzieller Kandidaten birgt eine starke Konzentration auf ein bestimmtes OSN, ebenso wie ungeeignete Suchkriterien beim Bewerber-Monitoring. Überdies stellt sich natürlich immer die grundsätzliche Frage nach der objektiven Qualität bzw. den Qualifikationen der Kandidaten und dement-sprechend dem Wahrheitsgehalt der Profilinformationen innerhalb des OSN.[90]

Der Ansprache der geeigneten Kandidaten kommt ebenfalls eine entscheiden-de Rolle zu. Das Interesse des Unternehmens muss eindeutig als seriös identifizierbar sein und sich deutlich von zwielichtigen oder fadenscheinigen Angeboten unterscheiden. Das Interesse bzw. Angebot des Unternehmens gewinnt deutlich an Seriosität, wenn eine gemeinsame Kontaktperson existiert. Weiterhin ist zu beachten, dass auf Grund der relativen Begrenztheit von OSN diese zwangsläufig nicht für alle Unternehmensbereiche und -branchen qualifizierte Kandidaten liefern können.[91]

4.1.2 Datenschutz

Abhängig sind die Unternehmen in ihren Bemühungen um eine aktive Perso-nalbeschaffung mittels OSN von deren Nutzungsrichtlinien und eventuellen gesetzlichen Bestimmungen. Das OSN Xing beispielsweise untersagt in seinen Allgemeinen Geschäftsbedingungen den Versand von Spam und Massennach-richten. Explizit wird der Versand von identischen privaten Nachrichten an mehrere Nutzer gleichzeitig verboten.[92] Eine gezielte Ansprache von einzelnen, für geeignet befundenen oder empfohlenen Kandidaten ist demnach nicht unzulässig.

Des Weiteren bietet Xing, wie alle OSN, seinen Nutzern die Möglichkeit zahlreiche Einstellungen bezüglich der Freigabe der Privatsphäre zu treffen. So

---

[90] Vgl. ebd.
[91] Vgl. ebd.
[92] Vgl. Xing, o.J. .

können die Mitglieder für einzelne Nutzer oder Nutzergruppen individuell festlegen, wie viele Informationen diese zu sehen bekommen. Es erhält also nicht zwangsläufig jeder Interessent den unmittelbaren und vollen Einblick in die Profilinformationen anderer Nutzer. Naturgemäß steht das dem Ziel einer aktiven Personalbeschaffung über OSN entgegen.

Bei der Nutzung der Profil- und Kontaktinformationen ihrer Mitarbeiter unterliegen die Unternehmen zudem als nicht-öffentliche Stellen dem Bundesdatenschutzgesetz (BDSG). Gemäß §4 Abs. 1 sind die Erhebung, Verarbeitung und Nutzung personenbezogener Daten nur zulässig, wenn dies vom BDSG oder einer anderen Rechtsordnung angeordnet wird oder der Betroffene seine Einwilligung erteilt.[93] Die Nutzung der Kontakte der eigenen Mitarbeiter und somit die Erschließung ihres sozialen Kapitals benötigt also die explizite Erlaubnis der Mitarbeiter. Bei einer ganzheitlichen und strategischen Nutzung der Mitarbeiterkontakte zur aktiven Personalbeschaffung sollte die Einholung dieser Erlaubnis also obligatorisch sein. Dies führt unweigerlich wieder zum erfolgskritischen Faktor aus dem vorherigen Kapitel. Nämlich, dass die Mitarbeiter erst zur Partizipation motiviert werden müssen. Dies stellt die entscheidende Hürde auf dem Weg zur Nutzung des sozialen Kapitals der Mitarbeiter dar.

---

[93] § 4 Abs. 1 BDSG.

5. Praktische Anwendung

Nachdem wir nun die Personalwirtschaft im Allgemeinen und die Personalgewinnung im Speziellen, ebenso wie die Funktionsweise und den theoretischen Nutzen von sozialen Netzwerken und OSN betrachtet haben, wenden wir uns der Fragestellung dieses Buches zu. Wie kann die Postbank die aufgeführten theoretischen Nutzenpotenziale der OSN für ihre eigene Personalbeschaffung nutzen oder tut sie es bereits erfolgreich?

Hierfür wollen wir uns zunächst mit der Postbank und ihrem Nutzungsverhalten der OSN auseinandersetzen. Hierbei sollte es uns gelingen einen Abgleich zwischen Theorie und Praxis herzustellen, um abschätzen zu können in welchen Bereichen eventuell noch nicht genutzte Potenziale stecken. Bevor jedoch eventuelle Maßnahmenempfehlungen getroffen werden, soll mittels einer empirischen Untersuchung unter Nutzern von OSN ermittelt werden, ob der Versuch über soziale Netzwerke Personal zu gewinnen überhaupt sinnvoll und praktikabel ist. Wie wir in den vorangegangenen Kapiteln gesehen haben, ist der Erfolg der Personalarbeit und insbesondere der Personalgewinnung in sozialen Netzwerken an bestimmte Voraussetzungen gebunden. Sind diese nicht erfüllt, so macht es logischerweise wenig Sinn für die Postbank in diesem Bereich Veränderungen zu planen bzw. anzustoßen.

Rekapitulieren wir zunächst noch einmal die bis jetzt ermittelten Vorteile von OSN für die Personalgewinnung. Da wäre zunächst einmal die Einsicht in Profile, die es Unternehmen ermöglicht, aktiv in OSN nach geeigneten Kandidaten zu suchen. Bei geeigneten Kandidaten bieten sie durch ihre Visualisierung der Verbindungen die Möglichkeit zu erkennen, ob eigene Mitarbeiter mit dem Kandidaten befreundet sind. Des Weiteren ermöglichen sie die kostengünstige Veröffentlichung von Stellenanzeigen und bei einem systematischen Einsatz auch Einsparungspotenziale bei Talentpools, die von Unternehmen bisher selber gepflegt wurden. Außerdem bieten sie sich als einer von mehreren

Kommunikationskanälen für das Employer Branding an, was letztlich und langfristig der Personalgewinnung dient.[94]

5.1 Status Quo in der Deutsche Postbank AG

Die Postbank ist momentan bereits in verschiedenen OSN sowie auf YouTube[95] mit eigenen Unternehmensprofilen aktiv. Bei den genutzten Netzwerken handelt es sich um Twitter, Xing und Facebook.

Das YouTube Profil mit dem Titel „karriere@postbank" ist seit Dezember 2010 aktiv.[96] Hier finden sich Videos die dem Betrachter die Postbank als Arbeitgeber näher bringen sollen. Behandelte Themen sind unter anderem der Postbank Finance Award[97] sowie die Auszubildenden und Angestellten der Postbank, die einen Einblick in ihren Arbeitsalltag geben. Insgesamt finden sich dort zehn Videos, die in unregelmäßigen Abständen hochgeladen wurden. Im gesamten Jahr 2012 gab es insgesamt zwei neu veröffentlichte Videos. Diese Videos abonniert haben, Stand 05.01.2013, insgesamt 14 Nutzer von YouTube. Lediglich drei der angebotenen Videos wurden bis jetzt von mehr als 1.000 Nutzern angesehen.

Im OSN Twitter ist die Postbank unter dem Profilnamen „postbankjobs" seit dem Jahr 2009 aktiv.[98] Hier finden sich hauptsächlich Informationen zu ausge-schriebenen Stellen, die direkt von der Postbank eigenen Software Online Application Manager[99] (OAM) übertragen werden, sobald eine Stelle neu ausgeschrieben wird. Vereinzelt finden sich dort auch Mitteilungen zum Postbank Finance Award und zu Jobmessen, an denen die Postbank als Aussteller teilgenommen hat. Durch die automatische Veröffentlichung ist die

---

[94] Vgl. Kapitel 4.2.
[95] YouTube ist ein Internet Video-Portal der Google Inc., auf dem die Benutzer kosten-los Video-Clips ansehen und hochladen können.
[96] Online im Internet: http://www.youtube.com/user/Postbankkarriere.
[97] Der Postbank Finance Award ist der höchstdotierte Hochschulwettbewerb in Deutschland bei dem sich Studierende aller Fachrichtungen mit einer vorgegebenen aktuellen Fragestel-lung der finanzwirtschaftlichen Umwelt auseinandersetzen.
[98] Online im Internet: https://twitter.com/postbankjobs.
[99] Die Anwendung OAM dient der Erstellung, Veröffentlichung und Verwaltung von Stellenan-zeigen sowie der Verwaltung aller eingehenden Bewerbungen.

Postbank hier im Vergleich zu YouTube recht aktiv, alleine im Monat Dezember gab es dadurch 14 Mitteilungen der Postbank auf diesem Kanal. Diese Mitteilungen abonniert haben, Stand 05.01.2013, insgesamt 485 Twitter Nutzer.

Auf Xing betreibt die Postbank insgesamt zwei Profile bzw. Gruppen. Zum einen die Gruppe mit dem Namen „Postbank Finance Award" und zum anderen das Profil „Deutsche Postbank AG". Erstere dient seit ihrer Gründung im August 2008 der Vernetzung ehemaliger und aktueller Teilnehmer des Wettbewerbs und der Veröffentlichung von Informationen zum aktuellen Wettbewerb. Die Gruppe hat, Stand 05.01.2013, 463 Mitglieder und es wurden 29 Beiträge veröffentlicht. Das Unternehmensprofil, auf dem aktuelle Stellenanzeigen veröffentlicht werden, hat zum gleichen Zeitpunkt 2.284 Abonnenten.

Am aktivsten ist die Postbank im OSN Facebook. Insgesamt gibt es dort sechs Profile, die sich verschiedenen Themenbereichen widmen. So gibt es bspw. auch hier ein Profil zum Postbank Finance Award.[100] Das Profil „Postbank Happy Hour" veröffentlicht Informationen zu Rabattaktionen, die unter dem Titel Happy Hour Angebote beworben werden.[101] Außerdem findet sich dort der Zugang zum interaktiven Service Portal der Postbank, an das sich die Nutzer mit ihren Fragen wenden können. Die Seite „Postbank Fankurve" veröffentlicht Beiträge und Gewinnspiele zum Thema Sport.[102] Hier steht insbesondere die Zusammenarbeit mit dem Fußball Bundesligisten Borussia Mönchengladbach im Mittelpunkt. Unter dem Profil „Postbank Ausbildung" werden ausgeschriebene Ausbildungsstellen veröffentlicht, aber auch Tipps und Tricks für Nutzer, die eventuell noch eine Ausbildungsstelle suchen.[103] Unter der Profilseite „Postbank Karriere" versucht die Postbank Kontakt zu Studierenden aufzubauen.[104] Die Ziele sind zum einen die Bildung eine Netzwerks von aktuellen und ehemaligen Praktikanten und zum anderen vor allem die Gewinnung weiterer junger Talente. Hierfür werden in diesem Profil Bilder von Veranstaltungen zum Thema Karriere oder auch aktuelle Stellenangebote veröffentlicht. Das letzte Profil ist das eigentliche Hauptprofil der Deutsche Postbank AG auf Facebook

---

[100] Online im Internet: https://www.facebook.com/financeaward.
[101] Online im Internet: http://www.facebook.com/postbankhappyhour.
[102] Online im Internet: https://www.facebook.com/postbankfankurve.
[103] Online im Internet: https://www.facebook.com/postbankausbildung.
[104] Online im Internet: https://www.facebook.com/postbankkarriere.

und trägt nur den Titel „Postbank".[105] Hier werden zum Beispiel Servicehinweise für die Kunden oder die Ergebnisse von von der Postbank in Auftrag gegebene Umfragen veröffentlicht.

Ursache für die vielen verschiedenen Profile auf der Plattform Facebook ist, dass nicht alle Profile zentral von einer Abteilung innerhalb der Postbank verwaltet bzw. gepflegt werden. So verantwortet die Abteilung „Personalmarketing" beispielsweise nur die Profile „Postbank Karriere" und „Postbank Finance Award" sowie die Auftritte der Postbank auf Twitter und YouTube. Das Profil „Postbank" wird hingegen von der Abteilung „Konzernkommunikation" verantwortet; das Profil „Postbank Ausbildung" von der Abteilung, die für die Angelegenheiten der Auszubildenden zuständig ist.

Zusammenfassend können wir festhalten, dass die Postbank die OSN bisher bereits sowohl für das Veröffentlichen von Stellenanzeigen als auch für das Employer Branding nutzt. Eine systematische, gezielte Suche nach geeigneten Kandidaten über OSN findet momentan ebenso wenig statt wie ein Bewerber- oder Branchen-Monitoring. Sollten Verbindungen von eigenen Mitarbeitern zur Rekrutierung von geeigneten Kandidaten genutzt werden, so geschieht dies bisher nur im Einzelfall aber auf keinen Fall systematisch koordiniert.

5.2 Empirische Untersuchung

In Kapitel 4 ist es uns gelungen einige Mehrwertpotenziale von OSN für die Personalgewinnung zu identifizieren. Gleichzeitig ist uns aber auch aufgefallen, dass diese Potenziale an einige Bedingungen geknüpft sind, die hierfür zwingend erfüllt sein müssen. Die wichtigsten Vorteile der Nutzung von OSN zur Personalgewinnung waren die mögliche Einsicht in die Profile der Nutzer zur aktiven Kandidatensuche, die Visualisierung von Verbindungen zwischen Mitarbeitern und geeigneten Kandidaten sowie die Möglichkeit ein kostengünstiges Bewerber- und/oder Branchen-Monitoring aufzubauen.

---

[105] Online im Internet: https://www.facebook.com/postbank.

Die aktive Suche nach geeigneten Kandidaten zur Besetzung offener Stellen über die Analyse der Nutzerprofile setzt natürlich Profile mit korrekten und aktuellen Informationen voraus. Nutzerprofile mit falschen, unvollständigen oder veralteten Daten machen diese Methode faktisch nutzlos. Ziel der empirischen Untersuchung ist es daher, die sozialen Netzwerke ausfindig zu machen, in denen die Nutzer dazu bereit sind, ihre korrekten beruflichen Lebensläufe und Qualifikationen anzugeben. Die Vermutung liegt nahe, dass dies in speziellen Business Netzwerken wie Xing oder LinkedIn mit der größten Wahrscheinlichkeit der Fall ist. Ein weiterer wichtiger Punkt ist der, dass es in OSN üblicherweise möglich ist, Nutzern zu denen keine direkte Verbindung besteht den Zugriff auf das eigene Profil zu verweigern. Dies bedeutet, dass diesen keine oder nur eingeschränkte Profilinformationen zur Verfügung stehen. Natürlich wäre auch dies dem Erfolg ebenso abträglich wie falsche Informationen. Auch hier ist in der Annahme wieder davon auszugehen, dass die Nutzer von speziellen Berufs Networking Seiten eher dazu bereit sind, auch ihnen unbekannten Personen einen Einblick in ihre Daten zu gewähren.

Außerdem ist zu überprüfen, ob die Nutzer von OSN diese überhaupt als Plattform für die Suche nach Stellenangeboten wahrnehmen und nutzen. Grund hierfür ist, dass bspw. auf dem Postbank Profil bei Facebook veröffentlichte Stellenanzeigen auch nur von den Nutzern gesehen werden, die bereits „Fans" der Postbank sind oder gezielt auf ihrem Profil danach suchen. Es ist also grundsätzlich ein Interesse der Nutzer vorausgesetzt, damit die veröffentlichten Angebote die Nutzer auch erreichen.

5.2.1 Hypothesen

Diese Erkenntnisse führen uns zu den folgenden, mittels empirischer Untersuchung zu überprüfenden Hypothesen.

1. Zur aktiven Kandidatensuche und für ein Bewerber-/Branchen-Monitoring eignen sich nur soziale Netzwerke, in denen die Mitglieder freiwillig jedem anderen Nutzer Einblick in ihr vollständiges Profil erlauben. Vermutlich wird dies nur in speziellen Business Netzwerken wie Xing oder LinkedIn der Fall sein, da die Teilnehmer der Umfrage vermutlich auf anderen OSN von der Möglichkeit Gebrauch machen, fremden Nutzern den Einblick in ihr komplettes Nutzerprofil zu verweigern.

2. Nur ein geringer Prozentsatz der Nutzer würde in OSN aktiv nach Stellenangeboten suchen. Die meisten nutzen sie eher für die Kommunikation mit Bekannten. Diejenigen die OSN zur Stellensuche verwenden, sind bei Businessnetzwerken wie Xing oder LinkedIn angemeldet.

3. Für die Mehrzahl der Teilnehmer spielt, wenn die theoretischen Vorteile von OSN für die Personalgewinnung zutreffen, eine direkte Verbindung zu einem Mitarbeiter eines Unternehmens eine wichtige Rolle, wenn es darum geht sich für ein Unternehmen zu entscheiden. Dementsprechend werden die meisten Teilnehmer angeben, dass sie Unternehmen in denen bereits Bekannte arbeiten bzw. die ihnen von Bekannten empfohlen werden bevorzugen.

5.3 Beschreibung des Fragebogens und der Stichprobe

Es wurde mit Hilfe der Onlinepräsenz SoSci Survey[106] ein standardisierter Fragebogen erstellt. Thematisch lässt er sich in die Bereiche „Bekanntheit und Nutzungsverhalten von OSN", „berufliche Nutzung realer Sozialer Netzwerke" sowie in einen Part zur statistischen Erfassung der Daten der Teilnehmer (Geschlecht, Alter etc.) einteilen.

Der Fragebogen umfasst insgesamt 13 Fragen sowie die Angaben zur eigenen Person der Teilnehmer.[107] Zielgruppe der Befragung sind die Nutzer von OSN.

---

[106] SoSci Survey ist ein für wissenschaftliche Befragungen nutzbares Software-Paket, mit dem sich ein Online-Fragebogen erstellen, online schalten und auswerten lässt.
[107] Der Fragebogen der empirischen Studie ist im Anhang als Anlage 1 beigefügt.

Der Fragebogen wurde auf dem OSN Facebook veröffentlicht. Außerdem wurden noch die Studierenden der Hochschule Bonn-Rhein-Sieg per E-Mail dazu eingeladen an der Befragung teilzunehmen.

Der Zeitraum der anonym durchgeführten Online-Befragung lag zwischen dem 18.12.2012 und dem 27.12.2012. Insgesamt wurde der Fragebogen von 530 Personen bis zum Ende der Befragung begonnen. Der finale Datensatz besteht aus 483 Teilnehmern (N), die den Fragebogen vollständig beantwortet haben. Dies entspricht einer Rücklaufquote von 91,13 Prozent. Das aus den statistischen Angaben der Teilnehmer ermittelte Durchschnittsalter beträgt 24,39 Jahre nach arithmetischem Mittel bzw. 24 Jahre bei Berechnung über den Modus und den Median. Der Anteil der männlichen Teilnehmer beträgt 55,30 Prozent. Bei den Angaben zum aktuell höchsten erreichten Bildungsgrad gaben 372 Personen bzw. 77,00 Prozent an dass sie über die Fachhochschulreife oder Allgemeine Hochschulreife verfügen. 94 bzw. 19,5 Prozent der Teilnehmer der Umfrage haben bereits einen Hochschulabschluss (Bachelor, Master, Diplom oder Promotion) erreicht. Der mit Abstand größte Teil der Teilnehmer, nämlich 406 Personen bzw. 84,1 Prozent, sind Studenten. Danach folgt die Gruppe der Angestellten mit 60 Personen bzw. 12,40 Prozent. Die Gruppen der Selbstständigen, der Schüler und der Auszubildenden sind mit 7, 5 bzw. 1 Teilnehmern kaum vertreten. Von den Teilnehmern gaben außerdem 42,40 Prozent an, bereits erfolgreich eine Berufsausbildung absolviert zu haben.

5.4 Ergebnisse des Fragebogens

Im Rahmen der Befragung sollte unter anderem die Bekanntheit von verschiedenen OSN und das Nutzungsverhalten der dort angemeldeten Teilnehmer untersucht werden. Die Fragen Nummer 1 & 2 des Fragebogens beschäftigten sich daher wie bereits in Kapitel 5.2 beschrieben damit, welche OSN den Teilnehmern der Umfrage bekannt sind und wie oft sie, wenn überhaupt, dort aktiv sind.

Ebenfalls erwähnt wurde, dass es sich bei den zur Auswahl stehenden OSN um die 20 beliebtesten sozialen Netzwerke im Jahr 2011 handelt.[108] Das bei den Teilnehmern der Umfrage bekannteste OSN ist Facebook. 99,20 Prozent der Teilnehmer gaben an dieses OSN zu kennen. Auf den Plätzen folgen die OSN StudiVZ mit 92,50 Prozent, Twitter mit 91,10 Prozent sowie SchülerVZ mit 88,80 Prozent. Das unbekannteste OSN unter den Teilnehmern ist Spin. Hier gaben gerade einmal 1,90 Prozent der Teilnehmer an, dieses Netzwerk zu kennen. Dieses OSN bildet zusammen mit Kwick (2,50 Prozent), Hi5 (3,50 Prozent), LiveJournal (3,50 Prozent), Odnoklassniki (4,30 Prozent) und Netlog (5,60 Prozent) das Ende der Bekanntheitsskala. Die genauen Ergebnisse finden sich in der folgenden Abbildung.

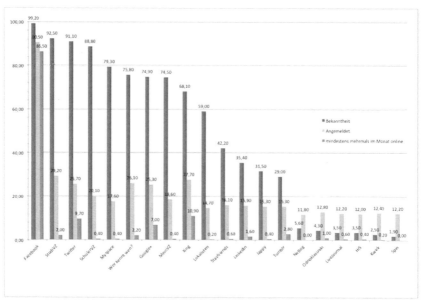

Abbildung 3 – Bekanntheit und Nutzungsverhalten von OSN
Quelle: Eigene Darstellung

Ebenfalls enthalten sind hier die Ergebnisse, bei welchen OSN die Teilnehmer der Umfrage auch einen Account unterhalten und wie oft sie diesen nutzen. Alle hierbei zur Auswahl stehenden Möglichkeiten zur Einschätzung der eigenen

---

[108] Vgl. Nikolov, N., 2011.

Aktivität können dem in Anlage 1 im Anhang beigefügten Fragebogen entnommen werden. In der Darstellung enthalten ist der Anteil der Teilnehmer die aussagen mehrmals im Monat bzw. in der Woche oder sogar mehrmals am Tag in diesem OSN aktiv zu sein.

Bei den registrierten Nutzern ist erneut das OSN Facebook führend mit 90,50 Prozent. Ihm folgen StudiVZ mit 29,20 Prozent, Xing mit 27,70 Prozent sowie Wer kennt wen mit 26,10 Prozent. Am unteren Ende der Ergebnisse befinden sich erneut Netlog mit 11,80 Prozent, Hi5 mit 12,00 Prozent und LiveJournal bzw. Spin mit jeweils 12,20 Prozent. Die Ergebnisse am unteren Ende der Skala der registrierten Nutzer erstaunen, da sie höhere Prozentwerte bei den registrierten Nutzern als bei der Bekanntheit aufweisen. Diese Beobachtung lässt sich auch noch bei den OSN Odnoklassniki und Kwick machen und steht dem entgegen was man erwarten durfte, nämlich größere Bekanntheit als Nutzerzahlen, und überdies bei den übrigen OSN auch beobachten konnte.

Wesentlich interessanter als die Fragestellung, wo die Teilnehmer ein Nutzerkonto besitzen ist die Frage wo sie besonders aktiv sind und so besser über den Kanal OSN erreicht werden können. Um dies herauszufinden haben wir hier wie gesagt die Auswertung auf den Anteil der Nutzer beschränkt die mindestens mehrmals im Monat aktiv sind. An der Spitze ergibt sich dabei das gewohnte Bild. Das OSN Facebook führt das Ranking abermals an, diesmal mit 86,50 Prozent der Teilnehmer. Dahinter platzieren sich die OSN Xing mit 10,90 Prozent, Twitter mit 9,70 Prozent und Google+ mit 7,00 Prozent. Bei den restlichen Netzwerken lag die Quote unter drei Prozent, bei insgesamt zehn Netzwerken unter einem Prozent und zwei Mal sogar bei null.

Auffällig ist zum einen, dass bei allen Netzwerken außer Facebook der Unterschied zwischen Bekanntheit, Registrierten Nutzern und aktiven Nutzern teilweise immens ist. Paradebeispiel hierfür ist das Netzwerk StudiVZ, welches 92,50 Prozent der Teilnehmer bekannt ist. Und obwohl fast 30,00 Prozent der Teilnehmer dort ein Nutzerkonto unterhalten sind gerade einmal zwei Prozent dort mehrmals im Monat oder öfter aktiv. Ein weiterer Punkt ist der deutliche Unterschied bei den Ergebnissen der aktiven Nutzer zwischen dem Führenden Facebook und dem Rest der zur Wahl stehenden OSN. Wobei sich hier eine

Drei-Klassen-Gesellschaft herausbildet an deren Spitze Facebook steht. In der Mitte befinden sich Xing, Twitter und Google+ und am Ende befindet sich der Rest.

Nachdem wir durch Frage 2 die Frequenz der Nutzung eruiert haben wollten wir in Frage 3 von den Teilnehmern wissen wofür sie OSN Nutzen bzw. ob sie von den Teilnehmern auch für berufliche Zwecke genutzt werden. Hierbei waren sowohl doppelte Nennungen als auch freie Antworten möglich. Mit 87,40 Prozent entschieden sich die meisten für die Antwortmöglichkeit „Nachrichten verschicken und empfangen". Das „Informieren über Aktivitäten von Freunden" folgt mit 72,90 Prozent auf dem zweiten Platz. Immerhin noch 40,00 Prozent entschieden sich für die Möglichkeit „Statusmeldungen und kommentieren". Auf dem vierten Rang platzierte sich die Antwortmöglichkeit „Berufliche Zwecke (Jobsuche, Kommunikation etc.)" mit 25,30 Prozent. Danach folgen „Inhalte bewerten" mit 20,70 Prozent, „Informieren über Angebote" mit 17,20 Prozent und immerhin 10,70 Prozent der Antworten vielen in die Kategorie „Sonstiges" in der die Teilnehmer frei Angaben machen konnten. Hier waren die meisten der abgegebenen Antworten entweder im Bereich Planung/Organisation, beim Austausch zum Studium oder in der Kontaktpflege angesiedelt.

In der nächsten Frage, Nummer 4, ging es nun darum herauszufinden in welchen der OSN die Teilnehmer nach Stellenangeboten suchen würden. Hierzu sollten sie in einer Priorisierungsaufgabe aus den 20 vorgeschlagenen Netzwerken drei OSN aussuchen und entsprechend ihrer Präferenz bei der Suche sortieren.

Die folgende Abbildung 4 zeigt, dass hierbei des Netzwerk Xing in der Gunst der Teilnehmer vorne liegt, gefolgt von Facebook und – mit einigem Abstand – LinkedIn. Insgesamt wurden für Xing 291 Stimmen abgegeben, davon ganze 259 Mal Rang 1, was einer Quote von 60,25 Prozent entspricht. Der zweitplatzierte Facebook kam auf insgesamt 258 Nennungen – hiervon 89 Mal Rang 1, 91 Mal Rang 2 und 78 Mal Rang 3 – was einer Quote von 53,42 Prozent entspricht. Mit etwas Abstand folgt LinkedIn mit insgesamt 105 Nennungen – 22 Mal Rang 1, 71 Mal Rang 2 und 12 Mal Rang 3 – auf Position drei. Dies entspricht einer Quote von 21,74 Prozent.

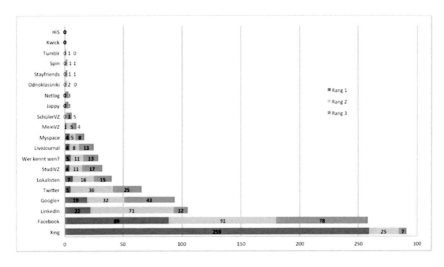

Abbildung 4 – Stellensuche in OSN
Quelle: Eigene Darstellung

Die Fragen Nummer 5 & 6 beschäftigten sich mit der Privatsphäre der Nutzer
von OSN und damit wie stark sie die Möglichkeiten den Zugriff auf ihre Profile
zu beschränken nutzen. Bei Frage 5 musste nur beantwortet werden, ob die
Teilnehmer in OSN die Möglichkeit nutzen den Zugriff auf ihr Profil durch ihnen
nicht bekannte Personen einzuschränken. Als Antwortmöglichkeiten standen
nur „Ja" oder „Nein" zur Auswahl. Hier entschieden sich 91,10 Prozent der
Teilnehmer für „ja". Im Anschluss ging es bei Frage 6 darum zu spezifizieren ob
die Teilnehmer bei der Beschränkung des Zugriffs nicht zwischen den OSN
unterscheiden oder ob es sein kann dass sich ihre Restriktionen nur auf
bestimmte Netzwerke beschränken.

Insgesamt 250 Teilnehmer gaben an den Zugriff auf ihre Profilinformationen
grundsätzlich in allen OSN einzuschränken. Dies entspricht auf die gesamte
Teilnehmerzahl (N) von 483 gerechnet einer Quote von 51,76 Prozent. Bei den
Einzel Nennungen, also wenn angegeben werden konnte dass nur bei bestimmten OSN restriktiv vorgegangen wird, kommt Facebook auf 178 Einträge.
Wenn wir zu Grunde legen, dass N nun um die 250 Personen reduziert ist, die
in allen OSN zu Restriktionen greifen, ergibt sich hier für Facebook eine Quote

von 76,39 Prozent. Mit deutlichem Abstand folgen darauf StudiVZ mit 6,87 Prozent, Google+ mit 5,58 Prozent sowie Xing mit 5,15 Prozent der Stimmen.

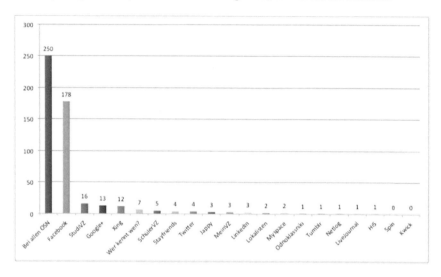

Abbildung 5 – Datenschutz in OSN
Quelle: Eigene Darstellung

Ergänzend zu den vorherigen beiden Fragen wurde in Frage 7 abgefragt, ob die Teilnehmer bestimmten Nutzergruppen grundsätzlich den vollständigen Zugriff auf ihr Profil verweigern. Hier konnte zwischen vier verschiedenen Antwortmöglichkeiten gewählt und im Freitextfeld etwas notiert werden. Mehrfachnennungen waren ebenfalls möglich. Mit 40,80 Prozent der Stimmen auf Rang eins liegt die Antwortmöglichkeit „Vorgesetzte". Darauf folgen die „Arbeitskollegen" mit 29,00 Prozent der Stimmen. Mit etwas Abstand aber fast gleichauf finden sich „Familie" mit 10,80 Prozent und „Andere" mit 10,40 Prozent der Stimmen wieder. Die Gruppe der „Freunde" schließen nur 8,10 Prozent der Teilnehmer grundsätzlich von ihrem kompletten Profil aus. Bei den freien Angaben unter „Andere" gaben die meisten Teilnehmer an, dass sie bestimmte Personen gezielt ausschließen. Entweder weil sie ihnen relativ unbekannt sind oder aus Gründen der Sympathie. Die genauen Antworten können der Anlage 2 im Anhang entnommen werden.

Bei Frage Nummer 8 wenden wir uns wieder einem anderen Thema zu. Hier war es das Ziel die Präferenzen der Teilnehmer auszuloten, auf welchen Kanälen sie sich auf Stellensuche begeben, wenn sie die freie Wahl haben. Hierzu sollten sie bei sieben vorgegebenen Kanälen auf einer metrischen Skala angeben, ob sie sich für oder gegen sie entscheiden würden. Die möglichen Skalierungen sind – in aufsteigender Reihenfolge – „niemals", „eher nein", „eher ja" und „unbedingt". Die nachfolgende Abbildung zeigt die genauen Nennungen der Teilnehmer.

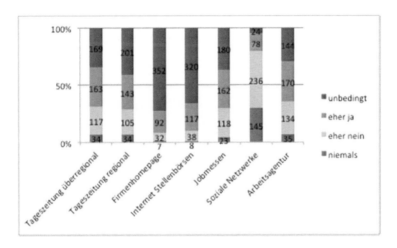

Abbildung 6 – Prioritäten bei der Stellensuche
Quelle: Eigene Darstellung

Hier wird deutlich, dass es bei den Teilnehmern zwei klare Favoriten bei der Suche nach aktuellen Stellenangeboten gibt. Die Firmenhomepages mit insgesamt 444 positiven Nennungen, was 91,93 Prozent der Stimmen ent-spricht, und Internet Stellenbörsen mit insgesamt 437 positiven Nennungen, was 90,48 Prozent entspricht. Diese beiden Plattformen bekommen mit weit über 50 Prozent ebenfalls die meisten Nennungen bei der Wertung „unbedingt". Hierauf folgen regionale Tageszeitungen mit 71,22 Prozent positiven Nennun-gen, Jobmessen mit 70,81 Prozent, überregionale Tageszeitungen mit 68,74 Prozent und die Arbeitsagentur mit 65,01 Prozent. Der einzige zur Wahl stehende Kanal bei dem die negativen Nennungen überwiegen sind die sozialen Netzwerke mit einem Anteil der positiven Nennungen von gerade einmal 21,12 Prozent. Diese Auswahlmöglichkeit weist außerdem mit Abstand die geringste Anzahl von Nennungen bei der Wertung „unbedingt" auf.

Frage 9 geht in eine ähnliche Richtung, jedoch wird hier nach konkreten Erfahrungen mit Firmenhomepages oder offiziellen Facebook Seiten von Firmen gefragt. Mehrfachnennungen waren erneut möglich. Hierbei gaben 51,76 Prozent der Teilnehmer an, schon einmal auf den offiziellen Internetseiten von Firmen nach konkreten Stellenangeboten gesucht zu haben. Auf den offiziellen Facebook Seiten von Unternehmen haben hingegen erst 8,90 Prozent der Teilnehmer nach Stellenangeboten Ausschau gehalten. Dass sie mit keinem der beiden Kanäle Erfahrungen bei ihrer Stellensuche haben gaben 46,79 Prozent der Teilnehmer an.

Bei Frage Nummer 10 beschäftigen wir uns erneut mit einem anderen Thema. Hier war unser Ziel herauszufinden, was Arbeitgeber für die Teilnehmer der Umfrage besonders attraktiv macht. Hierzu sollten sie unter verschiedenen Vorschlägen wählen um anzugeben, welche dieser Aspekte ihnen bei einem Arbeitgeber wichtig sind. Erneut waren hierbei Mehrfachnennungen möglich.

Insgesamt gaben 82,40 Prozent der Teilnehmer an, dass ihnen bei einem Arbeitgeber das Gehalt besonders wichtig ist. In der Liste der Prioritäten folgen der Standort des Unternehmens mit 72,46 Prozent und die Karrieremöglichkeiten mit 70,60 Prozent der Stimmen. Den Teilnehmern mit 13,04 Prozent der abgegebenen Stimmen am unwichtigsten bei der Wahl eines Arbeitgebers ist ob sie innerhalb des Unternehmens bereits jemanden kennen bzw. ob ihnen ein Bekannter das Unternehmen als Arbeitsplatz empfohlen hat.

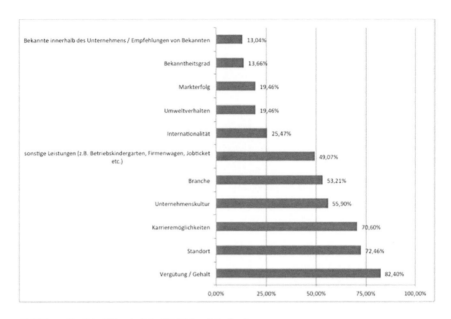

Bekannte innerhalb des Unternehmens / Empfehlungen von Bekannten — 13,04%

Bekanntheitsgrad — 13,66%

Markterfolg — 19,46%

Umweltverhalten — 19,46%

Internationalität — 25,47%

sonstige Leistungen (z.B. Betriebskindergarten, Firmenwagen, Jobticket etc.) — 49,07%

Branche — 53,21%

Unternehmenskultur — 55,90%

Karrieremöglichkeiten — 70,60%

Standort — 72,46%

Vergütung / Gehalt — 82,40%

0,00%   25,00%   50,00%   75,00%   100,00%

Abbildung 7 – Prioritäten bei der Wahl des Arbeitgebers
Quelle: Eigene Darstellung

Bei den Fragen Nummer 11 & 12 ging es darum welche Erfahrung die Teilneh-mer bereits mit den Vorteilen von realen sozialen Netzwerken gesammelt haben. Der Fokus lag hierbei, dem Thema der Arbeit entsprechend, auf den Vorteilen bei der Suche nach Arbeitsstellen. Auch hier konnten die Teilnehmer aus verschiedenen Vorschlägen wählen, wobei es wieder zu Mehrfachnennun-gen kommen konnte. Es gaben 31,76 Prozent an, mit keiner der genannten Möglichkeiten Erfahrungen zu haben. Bei 33,75 Prozent der Teilnehmer hat schon einmal ein Bekannter auf offene Stellen in einem Unternehmen hinge-wiesen und bei 50,52 Prozent hat ein Bekannter schon einmal diesbezüglich den Kontakt in ein Unternehmen hergestellt.

Anschließend ging es darum herauszufinden für welche Art von Arbeitsstelle diese Hilfe aus dem realen sozialen Netzwerk eingesetzt wurde. Am häufigsten, in 37,06 Prozent der Fälle, wurde hier angegeben, dass es sich um eine Praktikumsstelle handelte. Bei 32,09 Prozent der Fälle handelte es sich bei der vermittelten Stelle um eine Stelle als Aushilfe. Deutlich seltener genannt wurden die Möglichkeiten „Berufsausbildung" mit 12,84 Prozent und „Festanstellung" mit 12,63 Prozent.

Mit der letzten Frage, Nummer 13, sollte herausgefunden werden wie viele der Teilnehmer bei Facebook angeben, dass sie „Fan" der offiziellen Seite ihres Arbeitgebers sind. Hierfür gab es bei der Frage, ob der aktuelle oder ehemalige Arbeitgeber eine solche Seite betreibt und ob der Teilnehmer „Fan" davon ist wieder die Möglichkeit aus drei Antwortalternativen zu wählen. Insgesamt 47,83 Prozent gaben an, dass es keine solche Seite gebe. 20,70 Prozent gaben an, dass eine solche Seite zwar existiert, sie aber kein „Fan" davon sind. Die letzte Alternative – es existiert eine offizielle Seite und der Teilnehmer ist „Fan" davon – wählten 27,74 Prozent der 483 Personen.

5.5 Überprüfung der Hypothesen

Im folgenden Abschnitt werden die zuvor aufgestellten Hypothesen[109] analysiert und ausgewertet. Dabei werden die Hypothesen qualitativ ausgewertet. Hypothese 2 wird zusätzlich noch durch die Anwendung eines Chi-Quadrat-Unabhängigkeitstests ausgewertet.

5.5.1 Qualitative Auswertung von Hypothese 1

Die erste Hypothese hatte die Aussage getroffen, dass sich nur diese OSN zur aktiven Kandidatensuche und zum Bewerber- bzw. Branchen-Monitoring eignen, in denen die Nutzer möglichst freizügig mit ihren Profilinformationen umgehen. Das heißt, dass nach Möglichkeit der Zugriff auf die Profile nicht durch die Nutzer eingeschränkt wird. Außerdem sollten sie eine ausreichende Menge an Informationen über die beruflichen Qualifikationen des Profilinhabers enthalten, um eine Eignung abschätzen zu können. Wir hatten angenommen, dass die Mehrheit der Teilnehmer der Umfrage den Zugriff auf ihr Profil in den

---

[109] Vgl. Kapitel 5.1.2

meisten OSN einschränkt. Ausgenommen werden hiervon – so die Annahme – Netzwerke mit einem Fokus auf berufliche Kontakte, wie Xing oder LinkedIn.

In der Tat können wir feststellen, dass die meisten Teilnehmer ihre Profilinformationen für fremde Nutzer nur eingeschränkt anzeigen lassen. Es geben insgesamt 91,10 Prozent der Teilnehmer an, die Einsicht in ihre Profile einzuschränken. Da wir herausfinden wollen, wie sich die Netzwerke Xing und LinkedIn hier von anderen OSN unterscheiden vergleichen wir sie mit dem nach Nutzerzahlen beliebtesten Netzwerk Facebook. Hierfür betrachten wir zunächst nur die Nutzer von Facebook und ihre Angaben bei Frage 6. Von den 437 Teilnehmern, die angaben bei Facebook angemeldet zu sein, gaben insgesamt 416 Personen an, dass sie die Einsicht in ihre Profilinformationen entweder grundsätzlich bei allen OSN oder explizit bei Facebook einschränken. Das bedeutet, dass 95,19 Prozent der bei Facebook aktiven Teilnehmer ihre Profileinsicht einschränken.

Bei Xing und LinkedIn müssten nun gemäß unserer Hypothese wesentlich geringere Werte herauskommen. Bei den Xing Nutzern unter den Teilnehmern – insgesamt 134 – gaben 84 an, grundsätzlich oder explizit nur dort ihre Profile teilweise zu verbergen. Bei LinkedIn waren es 47 von 77 Teilnehmern. Dies entspricht Quoten von 62,69 Prozent bei Xing und 61,04 Prozent bei LinkedIn.

Die Hypothese, dass Xing und LinkedIn durch eine hohe Transparenz bei den Mitgliederprofilen besser für die aktive Kandidatensuche und ein Bewerberoder Branchen-Monitoring geeignet sind, bestätigt sich nur bedingt. In der Tat weisen diese beiden Netzwerke, im Vergleich zu Facebook, einen wesentlich höheren Anteil an frei einsehbaren Profilen auf. Jedoch bewegen wir uns auch hier mit einem Anteil von knapp unter 40,00 Prozent in einem Bereich, bei dem man nur bedingt davon sprechen kann, dass das in diesen OSN möglicherweise vorhandene Kandidatenpotenzial aktiv ausgeschöpft werden kann. Die Tatsache, dass beide im Vergleich gut abschneiden, ist wohl eher der extrem hohen Quote bei Facebook geschuldet.

5.5.2 Qualitative Auswertung von Hypothese 2

In Hypothese Nummer zwei wurde angenommen, dass der Großteil der Teilnehmer OSN nicht für die aktive Stellensuche verwendet. Der vermutlich geringe Anteil derer, die dies doch tun, wird höchstwahrscheinlich nicht nur bei populären OSN wie Facebook angemeldet sein, sondern auch in berufsspezifischen OSN wie Xing oder LinkedIn. Zur Überprüfung dieser Hypothese können wir die Fragen Nummer 3 & 8 des Fragebogens heranziehen.

Dass nur ein geringer Anteil der Nutzer OSN für die Stellensuche verwendet, können wir zunächst einmal an den Antworten auf Frage 3 festmachen. Hier gaben lediglich 25,30 Prozent der Teilnehmer an OSN für berufliche Zwecke wie die Stellensuche zu verwenden. Am häufigsten genannt, in 87,40 Prozent der Fälle, wurde bei der gleichen Frage die Antwort „Nachrichten verschicken und empfangen". Es konnte also nachgewiesen werden, dass die meisten Nutzer OSN für die Kommunikation und nur ein geringer Teil für berufliche Zwecke nutzt. Untermauert wird diese Annahme durch die Ergebnisse bei Frage Nummer 8. Hier landeten die sozialen Netzwerke bei der Einschätzung der Teilnehmer, auf welchem Kanal sie nach Stellen suchen würden, mit Abstand auf dem letzten Rang. Dies unterstreicht, dass die meisten der Teilnehmer OSN gar nicht als Plattform für die Stellensuche wahrnehmen.

Um den zweiten Teil der Hypothese zu überprüfen, müssen wir die Teilnehmer genauer betrachten, die bei Frage 3 angegeben haben OSN für berufliche Zwecke zu nutzen. Trifft die Annahme zu, dann müssten von dieser Teilmenge im Vergleich zur Gesamtmenge N deutlich mehr Personen bei den OSN Xing und LinkedIn angemeldet sein. Von den 483 Teilnehmern haben 122 angegeben OSN beruflich zu nutzen. Von diesen 122 Personen gaben 74 an bei Xing angemeldet zu sein. Dies entspricht einer Quote von 60,66 Prozent. Im Vergleich dazu lag die Quote bei allen Teilnehmern bei 27,70 Prozent. Bei LinkedIn angemeldet sind laut eigenen Angaben 36 der 122 Personen. Dies entspricht einer Quote von 29,51 Prozent. Der Vergleichswert von allen Teilnehmern liegt hier bei 15,90 Prozent. Wie in der Hypothese vermutet also bei beiden Netzwerken eine deutliche Steigerung im Bezug zur Vergleichsmenge in Höhe von 118,99 Prozent bei Xing und 85,60 Prozent bei LinkedIn.

Diese Hypothese soll außerdem über einen statistischen Test überprüft werden. Hierfür vergleichen wir die in Frage zwei – welches OSN wird genutzt – und in Frage 8 – auf welchen Kanälen wird nach Stellen gesucht – gemachten Angaben. Da es sich bei der Frage, ob der Teilnehmer auch Nutzer eines OSN ist, um ein dichotomes (nominalskaliertes) Merkmal handelt, prüft man den Einfluss auf die nachfolgenden Fragen zur Präferenz bei der Stellensuche anhand eines Chi-Quadrat-Unabhängigkeitstests.[110] Um Tendenzen innerhalb der bei Frage 8 angegebenen Präferenzen ausmachen zu können, werden die Bewertungen „1 - niemals" und „2 - eher nicht" in die Kategorie „keine Jobsuche über OSN" eingeordnet. Die Bewertungen „3 - eher ja" und „4 - unbedingt" entsprechen der Kategorie „Jobsuche über OSN". Überprüft werden dabei folgende Null- (H0) respektive Alternativhypothese (H1):

- H0: Es bestehen keine Unterschiede in der Jobsuche über OSN zwischen Personen, die Xing oder LinkedIn nutzen, und den Personen, die dort nicht registriert sind.

- H1: Es bestehen Unterschiede in der Jobsuche über OSN zwischen Personen, die Xing oder LinkedIn nutzen, und den Personen, die dort nicht registriert sind.

Jeder der Teilnehmer N=483 konnte bei Frage 8 seine Präferenzen bei der Nutzung für die Stellensuche angeben, indem er für verschiedene Kanäle Bewertungen von „1" bis „4" vergab. Von den bei Xing angemeldeten Teilnehmern gaben 52,27 Prozent an, dass OSN für sie bei der Jobsuche in Frage kommen. Von den nicht bei Xing angemeldeten Teilnehmern waren es nur 19,11 Prozent. Die folgende Tabelle verdeutlicht die absoluten Werte.

---

[110] Vgl. Bleymüller, J. et al., 2008, S. 130ff.

Xing Nutzung ja/nein * Präferenz Jobsuche über OSN Kreuztabelle			
	Präferenz "Jobsuche über OSN"		Gesamt
	keine Jobsuche	Jobsuche	
Xing Nutzer nein	293	56	349
Xing Nutzer ja	88	46	134
Gesamt	381	102	483

Abbildung 8 – Häufigkeitsverteilung Xing Nutzer und Jobsuche über OSN
Quelle: Eigene Darstellung, erstellt mittels SPSS

Anhand der Statistiksoftware SPSS[111] wurde zudem die zweidimensionale Häufigkeitsverteilung des Merkmals Präferenz und des Merkmals Nutzer überprüft. Der über SPSS errechnete Wert Chi-Quadrat[112] in Höhe von 19,428, der mit einer empirischen Signifikanz α* = 0,000 (erforderliche Irrtumswahrscheinlichkeit) führt zu einer Ablehnung der Nullhypothese. Da das asymptotische Signifikanzniveau α* das übliche Signifikanzniveau von maximal 10 Prozent (α< = 0,1) oder weniger deutlich unterschreitet, kann die Nullhypothese[113] für das OSN Xing verworfen werden.

Von den bei LinkedIn angemeldeten Teilnehmern gaben 48,08 Prozent an, dass für sie OSN bei der Jobsuche in Frage kommen. Von den nicht bei LinkedIn angemeldeten Personen waren es 23,40 Prozent. Die nachfolgende Tabelle 2 verdeutlicht erneut die absoluten Werte.

Der über SPSS errechnete Wert Chi-Quadrat[114] in Höhe von 7,083, der mit einer empirischen Signifikanz α* = 0,008 (erforderliche Irrtumswahrscheinlichkeit) führt auch hier zu einer Ablehnung der Nullhypothese. Da das asymptotische Signifikanzniveau α* das übliche Signifikanzniveau von maximal 10 Prozent (α< = 0,1) oder weniger deutlich unterschreitet, kann die Nullhypothese auch für das OSN LinkedIn verworfen werden.

---

[111] SPSS ist die Bezeichnung einer Statistik- und Analyse-Software, die von der Firma IBM vertrieben wird.

[112] Die Bedingung des Chi-Quadrat-Unabhängigkeitstests, dass alle Zellen eine erwartet Häufigkeit von größer 5 aufweisen, wird in allen Zellen erfüllt.

[113] H0: Es bestehen keine Unterschiede in der Jobsuche über OSN zwischen Personen, die Xing oder LinkedIn nutzen, und den Personen, die dort nicht registriert sind.

[114] Die Bedingung des Chi-Quadrat-Unabhängigkeitstests, dass alle Zellen eine erwartet Häufigkeit von größer 5 aufweisen, wird auch hier in allen Zellen erfüllt.

LinkedIn Nutzung ja/nein * Präferenz Jobsuche über OSN Kreuztabelle				
		Präferenz "Jobsuche über OSN"		Gesamt
		keine Jobsuche	Jobsuche	
LinkedIn	nein	329	77	406
Nutzer	ja	52	25	77
Gesamt		381	102	483

Abbildung 9 – Häufigkeitsverteilung LinkedIn Nutzer und Jobsuche über OSN
Quelle: Eigene Darstellung, erstellt mittels SPSS

Das bedeutet, dass die Ergebnisse statistisch signifikant sind. Daher kann daraus geschlossen werden, dass die Nutzer die in OSN nach Stellenangeboten suchen auch in Xing oder LinkedIn angemeldet sind.[115]

5.5.3 Qualitative Auswertung von Hypothese 3

Die Hypothese, dass die Teilnehmer bei ihrer Entscheidung ein Unternehmen bevorzugen, in dem entweder ein Bekannter von ihnen arbeitet oder das ihnen von einem Bekannten empfohlen wurde, sollte sich anhand der Frage Nummer 10 klären lassen. Stimmt die Annahme, dann sollte hier die Mehrheit der Teilnehmer den Punkt „Bekannte innerhalb des Unternehmens / Empfehlungen von Bekannten" auswählen.

Von den 483 Teilnehmern der Umfrage markierten insgesamt 63 den oben genannten Punkt bei Frage 10. Dies entspricht einer Quote von 13,04 Prozent und ist der schlechteste Wert der zur Auswahl stehenden Optionen. Die beliebtesten Punkte Vergütung (82,40 Prozent), Standort (72,46 Prozent) und Karrieremöglichkeiten (70,60 Prozent) kamen hier auf deutlich bessere Quoten. Hinzu kommt, dass die Teilnehmer sich bei dieser Frage nicht für eine Auswahlmöglichkeit entscheiden mussten, sondern mehrere oder theoretisch sogar alle hätten auswählen können. Dies unterstreicht nochmals wie wenig Wert die Teilnehmer der Umfrage auf diesen Punkt bei ihrer Arbeitgeberwahl legen.

---

[115] Die mittels SPSS errechneten statistischen Werte sind im Anhang in Anlage 3 dargestellt.

Bei Frage 11 gaben 31,26 Prozent der Teilnehmer an, dass sie noch nie über Bekannte eine Stelle vermittelt bekommen haben. Man kann also festhalten, dass die Mehrheit durchaus über Erfahrung damit verfügen. Analysieren wir jedoch die bei Frage 12 gegebenen Antworten, so stellen wir fest dass es sich dabei in 69,15 Prozent der Fälle um Aushilfsjobs oder Praktika handelt. Eine Festanstellung haben bis jetzt nur 12,63 Prozent der Teilnehmer von Bekannten vermittelt bekommen. Dies könnte als Erklärung dafür dienen, warum sie relativ wenig Wert auf eine solche „Vermittlung" legen.

5.6 Reichweite von OSN für das Employer Branding

Unsere zweite empirische Untersuchung, soll uns Aufschluss über zwei Dinge geben. Erstens möchten wir feststellen, in welchen OSN die Unternehmen über eine besonders gute Reichweite zwecks Employer Branding verfügen. Zweitens soll untersucht werden, wie die Mitarbeiter von Unternehmen quantitativ in OSN aktiv sind. Für diese Untersuchung haben wir drei OSN genauer betrachtet. Bei den drei betrachteten OSN handelt es sich zum einen um Facebook, wegen der insgesamt größten Reichweite, sprich Menge an Nutzern, in Deutschland. Die anderen beiden OSN sind Xing sowie LinkedIn, da sie die beiden größten sozialen Netzwerke mit dem Fokus auf Geschäftskontakte sind.[116] Außerdem wurden diese drei OSN bei den Teilnehmern der Umfrage am häufigsten genannt, als es in Frage 4 darum ging in welchen sozialen Netzwerken sie nach Stellenangeboten suche würden.[117]

Unternehmen haben in den drei genannten Netzwerken die Möglichkeit eigene offizielle Seiten bzw. Gruppen für ihr Unternehmen zu eröffnen und mit Inhalten zu füllen oder auf Anfragen zu reagieren und hierdurch mit aktuellen oder potenziellen Kunden bzw. Mitarbeitern in Kontakt zu treten und zu kommunizieren. Nutzer, die an der Profilseite des Unternehmens und an den von ihm veröffentlichten Inhalten Interesse haben, können sich einfach per Mausklick mit diesem verbinden. Dieser Schritt unterscheidet sich lediglich in der Be-

---

[116] Vgl. Nikolov, N., 2011.
[117] Vgl. Kapitel 5.5.

zeichnung von Seite zu Seite. Auf Xing beispielsweise müssen die User auf den Button „Neuigkeiten abonnieren" klicken, bei Facebook auf den Button „Gefällt mir". Sie erhalten dann in Zukunft alle vom Unternehmen veröffentlichten Inhalte angezeigt. Bei Facebook wird diese Nutzergruppe als „Fans" bezeichnet, bei LinkedIn als „Follower" und bei Xing als „Abonnenten".

Um die Reichweite der Postbank innerhalb dieser genannten Plattformen festzustellen haben wir jeweils auf dem offiziellen Profil des Unternehmens die Anzahl der Fans/Follower/Abonnenten abgelesen. Hierbei wurde bewusst das „Hauptprofil" der Deutsche Postbank AG gewählt und nicht die ebenfalls existierende Profilseite mit dem Namen „Postbank Karriere". Grund hierfür ist die Tatsache, dass sie erheblich mehr „Fans" vorzuweisen hat und wir der maximalen Reichweite der Postbank innerhalb der OSN auf den Grund gehen wollen. Die Überlegung die „Fans" von beiden Seiten zu addieren, um dadurch eine Gesamtreichweite zu ermitteln, wurde verworfen, da nicht ausgeschlossen werden kann, dass einzelne Nutzer „Fans" von beiden Profilen sind. Diese mögliche unerwünschte Schnittmenge auszugrenzen um eine unverfälschte Zahl zu ermitteln Stand auf Grund des zu erwartenden Aufwands in keinem Verhältnis zum Ertrag. Im Anhang in der Anlage 4 finden sich Abbildungen die zeigen, wo genau die Daten für unsere Erhebung entnommen wurden.

Bei Facebook ist es zwar möglich seinen aktuellen (genauso wie ehemalige) Arbeitgeber innerhalb des eigenen Profils zu hinterlegen, allerdings besteht keine Möglichkeit für dritte einfach abzufragen, wie viele Nutzer insgesamt bei einem Arbeitgeber beschäftigt sind. Anders stellt sich die Situation bei den anderen beiden untersuchten Netzwerken, Xing und LinkedIn, dar. Hier konnten bei der Abfrage der Follower/Abonnenten gleichzeitig auch Daten darüber gewonnen werden, wie viele Nutzer die Postbank als ihren Arbeitgeber in ihrem Profil hinterlegt haben[118]. Dies führt uns zum zweiten erhofften Kenntnisgewinn der Untersuchung. Nämlich, wie viele Mitarbeiter der Postbank selber in OSN aktiv sind. Hintergrund ist der potenzielle Mehrwert von OSN, der entsteht wenn

---

[118] https://www.xing.com/help/hilfe-fragen-und-antworten-2/jobs-events-unternehmen-823/unternehmen-finden-827, (14.12.2012); sowie
http://hilfe.linkedin.com/app/answers/detail/a_id/2364, (14.12.2012).

eine direkte Verbindung zwischen potenziellen Kandidaten und eigenen Mitarbeiter besteht (Vgl. Kapitel 4.2).

Hierfür wurden auf Xing und LinkedIn auf dem Profil der Postbank die entsprechenden Daten erhoben und anschließend mit der aktuellen offiziellen Mitarbeiterzahl aus dem letzten Geschäftsbericht ins Verhältnis gesetzt. Die so gewonnene Prozentangabe sollte Aufschluss darüber geben, wie groß das Potenzial der eigenen Mitarbeiter für eine direkte Verbindung zu geeigneten Kandidaten ist.

Grundlegend hierfür ist die Annahme, dass jeder Nutzer dieser beiden Netzwerke die korrekten Daten über sich, seine Qualifikationen und seine aktuelle Tätigkeit hinterlegt hat, weil es sich um beruflich ausgerichtete Netzwerke handelt. Da andere OSN wie Facebook wesentlich komfortablere Kommunikationsmöglichkeiten bieten und zudem die beruflichen Daten das komplette Profil der Nutzer ausmachen, macht es für die Nutzer keinen Sinn sich hier mit falschen oder unvollständigen Daten anzumelden. Vielmehr würden sich hiervon abgeschreckte Personen einfach nicht dort anmelden.

Um das Ergebnis besser vergleichen zu können, wurden die beschriebenen Daten nicht nur für die Postbank, sondern auch für andere Unternehmen erhoben. Bei den Vergleichsunternehmen handelt es sich um die 30 im Deutschen Aktienindex gelisteten Unternehmen. Stichtag für die Erhebung der Daten war der 14. Dezember 2012. Im Quellenverzeichnis finden sich die genauen Webadressen der Firmen, die für diese Erhebung herangezogen wurden. Standen mehrere Firmenprofile – wie zum Beispiel bei der Postbank – zur Auswahl wurde jeweils das ausgewählt das zum Erhebungszeitpunkt die meisten Fans/Follower/Abonnenten vorzuweisen hatte.

5.6.1 Ergebnis der Erhebung zum Employer Branding – Teil 1

Zum Erhebungszeitpunkt hatte die Postbank auf Facebook 10.706 Fans. Die Zahl der Abonnenten auf Xing betrug 2.263 Personen, die Zahl der Follower auf LinkedIn 383 Personen. Von den 19.799 Mitarbeitern der Postbank[119] waren zu diesem Zeitpunkt 2.171 auf Xing und 61 auf LinkedIn angemeldet. Dies entspricht für Xing einer Quote von 10,97 % und für LinkedIn 0,31 %. Gemäß der Statistik ist also ungefähr jeder zehnte Mitarbeiter der Postbank bei Xing aktiv, während es bei LinkedIn nicht einmal jeder hundertste Mitarbeiter ist. Wie gesagt, sollen diese Zahlen nicht für sich alleine stehen bleiben, sondern im Vergleich zu den 30 im DAX notierten Unternehmen betrachtet werden. Zu diesem Zweck betrachten wir zunächst die Statistiken über die Fans/Follower/Abonnenten der insgesamt 31 Unternehmen. Die Postbank sowie ihre Konzernmutter[120], die Deutsche Bank AG, sind hierbei farblich hervorgehoben. Ebenfalls farblich abgesetzt ist die Commerzbank AG um einen Branchenvergleich durchführen zu können.

Hierbei zeigt sich, dass sich die Postbank was die Anzahl der Fans auf Facebook betrifft im Mittelfeld des Beobachtungsfelds befindet. Auffallend ist bei der Betrachtung der Facebook Statistiken, wie weit die Spitzengruppe (BMW, Adidas und Lufthansa) vom Rest der Unternehmen entfernt liegt. Es ist anzunehmen aber nicht bewiesen, dass hierfür die absolute Übereinstimmung von Konzern und Marke in Kombination mit hoher Internationalisierung ausschlaggebend ist.

Ein weiterer interessanter Punkt ist der Vergleich zwischen Postbank und Deutscher Bank, die sich einige Plätze weiter vorne platziert. Sie gehört auch bei den anderen OSN zu den führenden Unternehmen im Vergleichsfeld (Platz 6 bei Xing und Platz 3 bei LinkedIn), während die Postbank auf Xing erneut einen Mittelfeldplatz einnimmt, um sich schließlich bei LinkedIn auf dem vorletzten Rang zu platzieren. Hierfür sicherlich hauptverantwortlich ist die Tatsache, dass die Postbank LinkedIn, im Gegensatz zu Facebook und Xing,

---

[119] Vgl. Deutsche Postbank AG, 2012a.
[120] Vgl. Deutsche Postbank AG, 2012.

bisher nicht aktiv als Social Media Kanal nutzt. Ein Umstand den man im Ranking der Unternehmen deutlich erkennen kann.

Tabelle Facebook Fans		Tabelle Xing Abonnenten		Tabelle LinkedIn Follower	
BMW	12.033.512	DEUTSCHE TELEKOM	30.270	SIEMENS	203.914
ADIDAS	10.190.312	SIEMENS	29.333	SAP	169.672
LUFTHANSA	1.201.011	DAIMLER	20.696	DEUTSCHE BANK	104.372
VOLKSWAGEN	524.507	LUFTHANSA	14.710	ADIDAS	66.039
SAP	163.513	COMMERZBANK	11.803	BASF	65.362
ALLIANZ	141.549	DEUTSCHE BANK	11.298	BMW	55.685
BASF	80.399	BAYER	7.130	BAYER	47.754
BAYER	75.866	SAP	6.700	VOLKSWAGEN	38.177
SIEMENS	58.857	BASF	6.649	CONTINENTAL	22.278
CONTINENTAL	43.988	CONTINENTAL	6.454	ALLIANZ	21.769
DEUTSCHE TELEKOM	29.778	ALLIANZ	5.863	HENKEL	19.013
DEUTSCHE BANK	23.015	VOLKSWAGEN	5.475	THYSSENKRUPP	15.931
HENKEL	22.232	BMW	5.434	LUFTHANSA	15.879
DAIMLER	18.060	DEUTSCHE POST	4.701	DAIMLER	15.692
LANXESS	17.537	RWE	4.135	FRESENIUS MEDICAL CARE	15.601
DEUTSCHE POST	11.742	INFINEON TECHNOLOGIES	3.234	INFINEON TECHNOLOGIES	15.582
COMMERZBANK	10.866	HENKEL	2.553	BEIERSDORF	10.623
POSTBANK	10.706	POSTBANK	2.263	E.ON	10.589
THYSSENKRUPP	4.643	MERCK KGAA	2.012	COMMERZBANK	10.010
FRESENIUS MEDICAL CARE	2.866	FRESENIUS MEDICAL CARE	1.916	MERCK KGAA	9.250
FRESENIUS SE	2.866	FRESENIUS SE	1.916	LINDE	8.975
BEIERSDORF	2.452	LINDE	1.621	DEUTSCHE TELEKOM	8.942
DEUTSCHE BOERSE	2.178	BEIERSDORF	1.374	MUNICH RE	5.777
MERCK KGAA	1.933	MUNICH RE	1.356	LANXESS	5.197
LINDE	927	THYSSENKRUPP	1.253	RWE	3.868
K+S	722	ADIDAS	922	DEUTSCHE POST	3.420
INFINEON TECHNOLOGIES	715	E.ON	682	HEIDELBERGCEMENT	2.596
MUNICH RE	627	DEUTSCHE BOERSE	452	DEUTSCHE BOERSE	1.255
E.ON	597	HEIDELBERGCEMENT	225	FRESENIUS SE	654
RWE	481	LANXESS	0	POSTBANK	383
HEIDELBERGCEMENT	304	K+S	0	K+S	0

Abbildung 10 – Die 30 DAX Unternehmen und die Postbank sowie die Zahl ihrer Fans/Abonnenten/Follower auf drei ausgewählten OSN
Quelle: Eigene Darstellung[121]

Die Ergebnisse beim Vergleich mit der Commerzbank als dritte Bank im Untersuchungsfeld ähneln denen aus dem Vergleich mit der Deutschen Bank. Auch hier bewegt sich das Vergleichsinstitut bei Facebook fast gleichauf, während es bei Xing ebenfalls in der Spitzengruppe, bei LinkedIn jedoch nur im Mittelfeld platziert ist.

Allgemein lässt sich aus diesem ersten Abschnitt der Untersuchung festhalten, dass Facebook von der Reichweite her offensichtlich das größte Potenzial für die dort vertretenen Unternehmen bietet. Zumindest dominiert es was den

---

[121] Die Unternehmen Fresenius SE und Fresenius Medical Care teilen sich bei Facebook und Xing ein Unternehmensprofil. Für die Lanxess AG existiert bei Xing kein Unternehmensprofil. Ebenso für die K+S AG bei Xing und LinkedIn.

Spitzenwert der Fans/Follower/Abonnenten angeht die anderen beiden Netzwerke deutlich. So kommt BMW bei Facebook auf knapp 12 Millionen Fans, die Deutsche Telekom bei Xing auf circa 30.000 Abonnenten und Siemens bei LinkedIn auf rund 200.000 Follower. Eine starke Marke vorausgesetzt, bietet Facebook offensichtlich die größte potenzielle Reichweite für das Employer Branding.

Eine interessante Tatsache aus Sicht der Postbank ist, wie viele Follower/Abonnenten die 31 Unternehmen insgesamt auf LinkedIn bzw. Xing generieren konnten. Hierbei stehen 940.722 Follower bei LinkedIn 192.907 Abonnenten bei Xing gegenüber. Offensichtlich ist also das Reichweitenpotenzial bei LinkedIn deutlich größer als bei Xing. Dies überrascht nicht, wenn man sich die aktuellen Geschäftszahlen der beiden Netzwerke vor Augen führt. Xing führt gegenüber LinkedIn bei den Mitgliederzahlen im deutschsprachigen Raum mit 5,9 Millionen zu 3 Millionen. Dies wird international von LinkedIn allerdings mehr als kompensiert. Weltweit stehen nämlich den 187 Millionen Mitgliedern bei LinkedIn lediglich 12,6 Millionen Mitglieder bei Xing gegenüber.[122] Da die Postbank sich ausschließlich auf den deutschen Markt konzentriert und die Konzernsprache Deutsch ist, stellt sich natürlich die Frage, ob sie ein OSN für ihre Social Media Aktivitäten nutzen muss bzw. möchte, das international eine größere Reichweite aufzuweisen hat als im deutschsprachigen Raum. Diese Frage ist nach Betrachtung der erhobenen Daten zu bejahen.[123] Vor allem bei Berücksichtigung der Reichweite die andere Unternehmen hier generieren muss man feststellen, dass die Postbank hier bisher auf einiges an Potenzial verzichtet.

---

[122] Quartalsbericht der Xing AG vom 30.09.2012 abgerufen am 14.12.2012 unter http://corporate.xing.com/fileadmin/image_archive/XING_AG_ergebnisse_Q3_2012.pdf sowie LinkedIn: About abgerufen am 14.12.2012 unter http://de.press.linkedin.com/about.
[123] Vgl. Kapitel 6.

5.6.2 Ergebnis der Erhebung zum Employer Branding – Teil 2

Kommen wir nun zum zweiten Teil der Auswertung, bei dem wir herausfinden wollten, wie stark die Mitarbeiter der betrachteten Unternehmen innerhalb der OSN vernetzt bzw. aktiv sind. Grundlage hierfür war die in Kapitel 4.2 getroffene Annahme, dass geeignete Kandidaten die mit eigenen Mitarbeitern befreundet sind (d.h. auf der Kontaktliste der Mitarbeiter zu finden) einfacher zu rekrutieren sind. Um hierbei auf einen möglichst großen Pool an Kontakten der Mitarbeiter zugreifen zu können, sollten so viele Mitarbeiter wie möglich in OSN angemeldet sein. Wobei wir hierbei die relevanten OSN auf die beiden Business Netzwerke Xing und LinkedIn einschränken konnten, da nur hier davon auszugehen ist, dass alle relevanten Profilinformationen von den Nutzern freigegeben werden.

Betrachten wir zunächst die auf Xing erhobenen Daten in Abbildung 11. Von allen hier angemeldeten Nutzern gaben 2.171 Personen an, dass sie aktuell bei der Postbank angestellt sind. Setzen wir dies mit der aktuellen offiziellen Mitarbeiterzahl in Höhe von 19.799 ins Verhältnis so ergibt sich eine Quote von 10,97 Prozent. Natürlich interessiert uns auch hier wieder der Vergleich mit den übrigen Unternehmen. Abbildung 11 verdeutlicht, dass die Postbank mit diesem Wert zur Spitzengruppe der untersuchten Unternehmen gehört was den prozentualen Anteil der „vernetzten" Mitarbeiter angeht. Die Deutsche Bank platziert sich mit einer Quote von 10,14 Prozent unmittelbar hinter der Postbank. Würden wir lediglich die absolute Zahl der angemeldeten Mitarbeiter untersuchen, läge sie mit 10.243 deutlich vor der Postbank.

Die Commerzbank ist in dieser Betrachtung Spitzenreiter mit einem Anteil der vernetzten Angestellten in Höhe von 16,82 Prozent. Bei den absoluten Zahlen liegt Siemens mit 25.720 aktiven Mitarbeitern in Führung.

Betrachtet man dieselbe Auswertung für das Netzwerk LinkedIn in Abbildung 12, ergibt sich für die Postbank ein komplett anderes Ergebnis. Lediglich 61 angemeldete Mitarbeiter entsprechen einer Quote von 0,31 Prozent und gleichzeitig dem drittletzten Rang. Auch im Branchenvergleich liegt die Postbank hier gegenüber der Deutschen Bank mit 37,63 Prozent und der Commerzbank mit 12,30 Prozent deutlich zurück.

Statistik MA auf Xing			
Unternehmen	MA insgesamt	davon auf Xing	in %
COMMERZBANK	58.160	9.785	16,82
DEUTSCHE BOERSE	3.497	484	13,84
INFINEON TECHNOLOGIES	26.227	2.944	11,23
POSTBANK	19.799	2.171	10,97
DEUTSCHE BANK	100.996	10.243	10,14
DEUTSCHE TELEKOM	234.040	21.652	9,25
BEIERSDORF	16.611	1.100	6,62
SIEMENS	410.000	25.720	6,27
BAYER	111.000	6.705	6,04
DAIMLER	273.749	14.662	5,36
SAP	60.972	3.193	5,24
RWE	71.917	3.717	5,17
BASF	111.995	5.502	4,91
HENKEL	46.865	2.289	4,88
LUFTHANSA	117.416	5.401	4,60
MERCK KGAA	39.545	1.741	4,40
BMW	102.007	3.643	3,57
ALLIANZ	142.027	4.547	3,20
LINDE	51.072	1.507	2,95
MUNICH RE	47.206	1.003	2,12
FRESENIUS MEDICAL CARE	79.159	1.619	2,05
CONTINENTAL	169.909	3.433	2,02
FRESENIUS SE	149.351	1.619	1,08
ADIDAS	46.961	484	1,03
VOLKSWAGEN	501.956	4.916	0,98
DEUTSCHE POST	424.351	4.137	0,97
THYSSENKRUPP	170.953	1.038	0,61
HEIDELBERGCEMENT	54.362	249	0,46
E.ON	75.521	337	0,45
K+S	14.325	56	0,39
LANXESS	17.100	4	0,02

Abbildung 11 – Anteil der auf Xing angemeldeten Mitarbeiter
Quelle: Eigene Darstellung

Betrachten wir die beiden Ergebnisse im Vergleich, fällt auf, dass die meisten der untersuchten Unternehmen auf LinkedIn eine bessere Quote erreichen, als auf Xing.

Statistik MA auf LinkedIn			
Unternehmen	MA insgesamt	davon auf LinkedIn	in %
SAP	60.972	46.646	76,50
DEUTSCHE BANK	100.996	38.003	37,63
SIEMENS	410.000	103.080	25,14
INFINEON TECHNOLOGIES	26.227	6.382	24,33
MERCK KGAA	39.545	8.253	20,87
ALLIANZ	142.027	29.263	20,60
BEIERSDORF	16.611	3.388	20,40
BASF	111.995	22.453	20,05
DEUTSCHE BOERSE	3.497	549	15,70
HENKEL	46.865	7.157	15,27
LANXESS	17.100	2.373	13,88
FRESENiUS MEDICAL CARE	79.159	10.387	13,12
COMMERZBANK	58.160	7.152	12,30
LINDE	51.072	6.083	11,91
ADIDAS	46.961	5.197	11,07
BMW	102.007	10.700	10,49
BAYER	111.000	8.682	7,82
CONTINENTAL	169.909	12.251	7,21
VOLKSWAGEN	501.956	26.614	5,30
E.ON	75.521	3.679	4,87
LUFTHANSA	117.416	4.747	4,04
MUNICH RE	47.206	1.873	3,97
THYSSENKRUPP	170.953	4.657	2,72
DAIMLER	273.749	6.626	2,42
DEUTSCHE TELEKOM	234.040	4.253	1,82
HEIDELBERGCEMENT	54.362	933	1,72
RWE	71.917	1.037	1,44
DEUTSCHE POST	424.351	2.455	0,58
POSTBANK	19.799	61	0,31
FRESENIUS SE	149.351	48	0,03
K+S	14.325	0	0,00

Abbildung 12 – Anteil der auf LinkedIn angemeldeten Mitarbeiter
Quelle: Eigene Darstellung

Während auf Xing lediglich fünf Unternehmen eine Quote von 10 Prozent oder mehr erreichen, sind es bei LinkedIn ganze sechzehn. Das Wort „erreichen" sollte in diesem Zusammenhang allerdings nicht missverstanden werden, da die Unternehmen ihre Mitarbeiter nicht dazu zwingen können, sich in einem der beiden OSN anzumelden. Möglich wäre natürlich eine Motivation der Mitarbeiter über eine Incentive Regelung, allerdings ist hierbei fraglich ob ein derartiger finanzieller Aufwand im Verhältnis zu einem eventuellen Ertrag liegt.

Dennoch lässt sich ein, bei einigen Unternehmen wie der Postbank oder der Deutschen Telekom signifikanter, Unterschied bei der errechneten Quote nicht von der Hand weisen. Über die Ursachen kann an dieser Stelle lediglich spekuliert werden. Denkbar ist, dass die bereits angesprochene stärkere internationale Präsenz von LinkedIn hierfür verantwortlich ist. Je größer der Anteil von Mitarbeitern mit internationaler Herkunft an der Belegschaft ist, umso höher ist die Wahrscheinlichkeit für eine bessere Quote bei LinkedIn, so die Überlegung. Eine explizite Untersuchung der in den beiden OSN gefundenen Mitarbeiter hätte diese These eventuell verifiziert würde jedoch den Rahmen dieser Arbeit bei weitem sprengen.

6. Handlungsempfehlungen

Davon abgesehen interessieren wir uns natürlich für mögliche Handlungsemp-fehlungen für die Postbank. Die empirische Untersuchung konnte nicht eindeu-tig bestätigen, dass die in der Theorie genannten Vorteile auch in der Praxis zu beobachten sind. Die Vorteile der Einsicht in Nutzerprofile zur aktiven Suche nach Kandidaten und/oder zur Einrichtung eines Bewerber- oder Branchen-Monitorings kommen den Ergebnissen der Umfrage zu Folge nicht zum Tragen, da die meisten der Nutzer keine freie Einsicht in ihr Profil gewähren. Bei Facebook – dem OSN das durch seine Nutzerzahlen die größte potenzielle Reichweite aufweist – geben gerade einmal knapp fünf Prozent der Nutzer ihre Profile für alle anderen Mitglieder frei. Ursächlich für diese Zurückhaltung der Nutzer ist sicherlich ihre erhöhte Sensibilität im Bezug auf Datenschutz und die Berichterstattung über den Umgang verschiedener OSN mit Nutzerdaten.[124] Und selbst bei den Netzwerken, die eindeutig ihren Fokus auf Geschäftskontak-te haben – Xing und LinkedIn – sind es gerade einmal knapp 40,00 Prozent die ihre Daten komplett öffentlich zugänglich machen. Zu einer systematischen oder gar ausschließlichen Nutzung kann also an dieser Stelle nicht geraten werden. Es kann aber auch nicht ausgeschlossen werden, dass im Einzelfall über OSN Kandidaten gefunden und akquiriert werden können. Von daher könnte im Bedarfsfall auf diese Alternative zurückgegriffen werden.

Wenn es darum geht, welches Netzwerk zur Vernetzung mit den Bekannten von Mitarbeitern geeignet ist, müsste die Wahl für die Postbank klar auf das OSN Xing fallen. Hierfür spricht die auch im Vergleich mit den anderen Unter-nehmen sehr gute Vernetzungsquote der Mitarbeiter. Nicht außer Acht lassen darf man jedoch in diesem Zusammenhang, dass es sich auch bei dieser im Vergleich guten Quote lediglich um knapp 10 Prozent der eigenen Angestellten handelt. Das heißt, sollte sie sich tatsächlich dazu entscheiden, die Ansprache von geeigneten Kandidaten über das soziale Netzwerk ihrer Mitarbeiter als Instrument einzusetzen, würde sie nach aktuellem Stand nur einen sehr geringen Anteil des möglichen Potenzials ausschöpfen von dem überdies nicht

---

[124] Vgl. Stiftung Warentest, 2010 sowie Heise Online, 2010.

abzusehen ist, wie er sich in Zukunft entwickelt. Hinzu kommt, dass wir hier nicht analysiert haben in welchen Bereichen des Unternehmens die angemeldeten Mitarbeiter angestellt sind. Wenn sich diese Gruppe zu sehr auf bestimmte Bereiche des Unternehmens konzentriert, besteht das Risiko dass auch nur für diese Bereiche geeignete Kandidaten über die Mitarbeiter gefunden werden.

Auf jeden Fall lässt sich festhalten, dass das Instrument Online Social Network, so wie sich die Fakten darstellen, nicht dafür geeignet ist andere Instrumente[125] zu ersetzen. Es kann jedoch als Ergänzung im Einzelfall sinnvoll und nützlich sein sich über Kandidaten, die von Mitarbeitern empfohlen wurden, in OSN Informationen über ihre Qualifikationen einzuholen und die OSN auch als aktives Instrument für die Kandidatensuche einzusetzen. Wenn hierdurch geeignete Kandidaten gefunden werden, bei denen eine Verbindung über eigene Mitarbeiter besteht, kann diese Verbindung natürlich im Einzelfall auch ausgenutzt werden. Zumal sich die Rekrutierung von Kandidaten über Mitarbeiterempfehlungsprogramme in Deutschland bisher als kostengünstiges Instrument bewährt hat.[126] Außerdem zeigen Umfrageergebnisse, dass Unternehmen mit den über persönliche Netzwerke gewonnene Kandidaten im Durchschnitt am zufriedensten sind.[127] Ein wirklich großes Potenzial für den systematischen und ganzheitlichen Einsatz des Instruments OSN lässt sich jedoch in dieser Studie nicht nachweisen.

Wofür sich OSN eignen ist die Veröffentlichung von Stellenanzeigen. Grund hierfür sind die im Vergleich zu anderen Plattformen geringen Kosten – ein Beitrag auf dem firmeneigenen Profil ist kostenlos – und die große Reichweite. Zu beachten ist hierbei allerdings, dass es deutliche Unterschiede im Nutzungsverhalten der verschiedenen Netzwerke gibt. Wie wir in der Studie nachweisen konnten, ist den meisten Nutzern von OSN gar nicht bewusst, dass sie dort auf Stellenangebote stoßen können. So relativiert sich bspw. die große Reichweite von Facebook wieder dadurch, dass die meisten der Mitglieder dort nicht nach Stellenangeboten suchen würden. Nutzer, die OSN als Plattform für Stellenangebote wahrnehmen, sind – wie wir nachweisen konnten – vermehrt in

---

[125] Vgl. Kapitel 2.3.2
[126] Vgl. Trost, A./ Berberich, M., 2012.
[127] Vgl. Weitzel, T. 2011.

den Netzwerken Xing und LinkedIn aktiv. Hier sind die Kosten für Stellenanzeigen zwar unter Umständen ähnlich hoch wie bei gewöhnlichen Internet Stellenportalen[128], dafür ist die Aufmerksamkeit der Nutzer hier größer. Wesentlicher Unterschied zwischen den beiden letztgenannten Netzwerken ist ihre Nutzerstruktur. Das OSN Xing ist im deutschsprachigen Raum stärker vertreten. Das OSN LinkedIn ist hingegen international stärker gefragt. Eine Überlegung wert, wäre also – gerade im Hinblick auf die aktuellen Entwicklungen auf dem europäischen Arbeitsmarkt[129] – eine zusätzliche offizielle Präsenz der Postbank auf LinkedIn.

Im Bereich Employer Branding ist die Postbank in den sozialen Netzwerken bereits sehr aktiv.[130] Wie wir in unserer Untersuchung feststellen konnten befindet sie sich, was die Reichweite angeht, im Vergleich zu den 30 DAX Unternehmen bei Facebook und Xing im Mittelfeld wieder.[131] Lediglich LinkedIn wurde bisher von ihr vernachlässigt, was sich auch in den Reichweiteergebnissen widerspiegelt. Auch deswegen könnte man analog zur Überlegung im vorherigen Absatz darüber nachdenken eine offizielle Präsenz der Postbank in diesem OSN zu pflegen. Außerdem ein Punkt an dem man ansetzen könnte ist die Tatsache, dass die Postbank sechs verschiedene Profile bei Facebook betreibt, die fast alle von verschiedenen Abteilungen betreut werden. Hier wäre es denkbar, dass eine Verschlankung des Angebots hilfreich ist. Eventuell verbunden mit einer Bündelung der Verantwortlichkeit für die verschiedenen Profile auf eine einzelne Abteilung. So könnte einfacher sichergestellt werden, dass die Postbank nach außen hin ein konsistentes personalpolitisches Profil und nicht nur attraktive Einzelaspekte vermittelt, was für ein erfolgreiches Employer Branding zwingend notwendig ist.[132]

---

[128] Die Postbank zahlt momentan für eine 30-tägige Anzeigenschaltung auf stellenanzeigen.de 298,- €; auf stepstone.de 411,- € und auf monster.de 577,- €. Bei Xing kostet eine vergleichbare Stellenanzeige für die gleiche Dauer 395,- €. Unberücksichtigt bleibt hierbei, dass es auch ein variables Abrechnungsmodell gibt, bei dem pro Seitenaufruf bezahlt werden muss. Online im Internet: https://www.xing.com/jobs/products/overview.
[129] Vgl. Frankfurter Rundschau vom 02.01.2013 sowie Handelsblatt vom 22.12.2012.
[130] Vgl. Kapitel 5.1.
[131] Vgl. Kapitel 5.7.1.
[132] Vgl. Gmür, M. et al., 2002, S. 13.

7. Schlussbetrachtung

Die Personalbeschaffung ist eine Teildisziplin der Personalwirtschaft, deren Aufgabe es ist, „dass Personal in der erforderlichen Anzahl mit der erforderlichen Qualifikation und Kompetenz zu dem für die Erstellung der betrieblichen Leistung notwendigen Zeitpunkt oder Zeitraum an dem jeweiligen Einsatzort verfügbar ist."[133] Um erfolgreich zu sein, arbeitet sie möglichst eng zusammen mit den Teildisziplinen Personalplanung, Personaleinsatzplanung sowie der Personalentwicklung und verfügt idealerweise über genaue Kenntnisse der internen und externen Arbeitsmärkte.

Um ihre Ziele zu erreichen, kann die Personalbeschaffung auf die eben genannten Arbeitsmärkte zurückgreifen, die beide über Vor- und Nachteile verfügen. Die interne Personalbeschaffung ist kostengünstig und schnell. Außerdem führt sie zu einer höheren Identifikation mit dem Unternehmen, was ein besseres Betriebsklima zur Folge hat. Dem gegenüber stehen hohe Fortbildungs- und Umschulungskosten sowie eine eher unbewegliche Unternehmenskultur mit dem Risiko der Betriebsblindheit. Die Vorteile der externen Personalbeschaffung sind eine breitere Auswahlmöglichkeit bei den Bewerbern, neue Impulse für das Unternehmen, eine Verringerung der Betriebsblindheit und eine in der Regel größere Akzeptanz des extern eingestellten Kandidaten im Vergleich zu internen Bewerbern. Negative Aspekte sind die hohen Beschaffungskosten, Fluktuations- und Frustrationsgefahr bei einer zu hohen externen Einstellungsquote sowie eine längere Einarbeitungszeit der extern eingestellten Kandidaten.

Die Instrumente der externen Personalbeschaffung sind Personalberater, die Schaltung von Stellenanzeigen, das College Recruiting, die Arbeitnehmerüberlassung sowie das gezielte Anwerben einzelner Kandidaten oder ganzer Abteilungen. Die Personalbeschaffung nutzt außerdem idealerweise das Personalmarketing, um eine unternehmensspezifische und von anderen Unternehmen deutlich abgegrenzte Arbeitgebermarke zu erzeugen, die dem

---

[133] Bröckermann, R., 2007, S. 38.

Unternehmen – analog dem Produktmarketing – deutliche Vorteile bei der Rekrutierung neuer Mitarbeiter verschafft.

Soziale Netzwerke und der dahinter liegende Gemeinschaftsgedanke sind bereits seit langem Gegenstand wissenschaftlicher Untersuchungen. Das Besondere an den noch relativ jungen Online Social Networks ist also nicht, dass Menschen dort zueinander finden. Zumal die meisten Nutzer sich dort sowieso nur mit Personen vernetzen, die auch im echten Leben zu ihrem Bekanntenkreis zählen. Vielmehr liegt der Vorteil von online geführten sozialen Netzwerken in der Möglichkeit der Visualisierung von Verbindungen oder Freundeslisten und eventuellen gemeinsamen Bekannten. Gleichzeitig bieten OSN ihren Nutzern die Chance bequem über ihren Dienst mit bestehenden oder potenziellen Bekannten zu kommunizieren.

Diese Eigenschaften, verbunden mit den Profilinformationen, die von den Nutzern über sich selber hinterlegt werden, machen OSN für die Personalgewinnung interessant. Sie ermöglichen es den Unternehmen nämlich, eine ganzheitliche Strategie vorausgesetzt, das soziale Kapital ihrer Mitarbeiter bei der aktiven Personalbeschaffung deutlich besser bzw. überhaupt auszunutzen. Gleichzeitig bieten sie die Chance von einer passiven Personalbeschaffungsstrategie, die auf eingehende Bewerbungen wartet, zu einer aktiven zu wechseln und dabei das latent-wechselwillige Arbeitnehmerpotenzial abzuschöpfen. Weiterhin ergeben sich für diese Unternehmen Kosteneinsparpotenziale durch reduzierte Aufwendungen für Kommunikation oder einen selber gepflegten Talentpool. Darüber hinaus bieten OSN allerdings auch eine Plattform für das Veröffentlichen von Stellenanzeigen und für das Employer Branding

In der im Rahmen dieser Untersuchung durchgeführten Umfrage konnten wir die in der Theorie aufgeführten Vorteile von OSN für die Personalgewinnung nur teilweise in der Praxis beobachten. Die Eignung von sozialen Netzwerken für die aktive Bewerbersuche bzw. die Einrichtung eines Branchen- oder Bewerber-Monitorings wird dadurch eingeschränkt, dass die meisten der Nutzer den Zugriff auf ihr Profil einschränken. Selbst bei den auf Geschäftskontakte fokussierten OSN wie Xing und LinkedIn, geben gerade einmal knapp 40 Prozent der Nutzer den Zugriff auf ihr Profil frei.

Dass die OSN zur Ausnutzung der sozialen Kontakte der eigenen Mitarbeiter für die Personalgewinnung besser geeignet sind als reale soziale Netzwerke konnten wir ebenfalls nicht verifizieren. Dagegen spricht, dass beispielsweise von den Mitarbeitern der Postbank gerade einmal jeder zehnte im OSN Xing angemeldet ist. Ein systematischer Einsatz und Konzentration auf OSN würde hier also einiges an sozialem Kapital der Mitarbeiter außer Acht lassen. Vielmehr sollte hier ein Mitarbeiterempfehlungsprogramm mit einer Nutzung von OSN im Einzelfall in Betracht gezogen werden.

Auch bei der Veröffentlichung von Stellenanzeigen über OSN müssen, nach den Ergebnissen der Umfrage zu urteilen, deutliche Unterscheidungen zwischen den einzelnen OSN gemacht werden. Ursächlich hierfür ist, dass die meisten der Befragten Personen OSN nicht als Plattform wahrnehmen auf der sie nach Stellenangeboten suchen können. Diejenigen, die dies doch tun, sind vorwiegend in den Netzwerken Xing und LinkedIn angemeldet. Daher sollte eine zusätzliche Veröffentlichung von Stellenanzeigen in OSN vor allem dort erfolgen.

Eine Personalgewinnungspolitik ausschließlich auf die Nutzung von OSN auszulegen, kann also nach vorliegendem Erkenntnisstand nicht empfohlen werden. Das bisherige Portfolio der Instrumente der externen Personalbeschaffung mit ihnen zu ergänzen, um im Einzelfall darauf zurückzugreifen – sei es nun zur Anzeigenveröffentlichung, zur aktiven Suche nach Kandidaten oder zur Überprüfung von empfohlenen Kandidaten – ist dennoch auf Grund der grundsätzlich großen Reichweite dieses Instruments eine Überlegung wert.

Anhang

Anlage 1: Fragebogen der empirischen Studie

1. Welche der folgenden sozialen Netzwerke sind Ihnen bekannt?

	Facebook
	Wer kennt wen?
	Jappy
	Odnoklassniki
	MeinVZ
	SchülerVZ
	Stayfriends
	Xing
	Twitter
	Spin
	Google+
	Kwick
	Tumblr
	StudiVZ
	Lokalisten
	LinkedIn
	Netlog
	Myspace
	LiveJournal
	Hi5

2. Sind Sie selber bei einem der genannten Netzwerk angemeldet und wie schätzen Sie ihre Aktivität dort ein?

Ergänzende Erläuterung:
Netzwerke die Sie nicht nutzen, können Sie bei der Beantwortung einfach offen lassen.

Ich nutze dieses soziale Netzwerk...	weniger als einmal im Monat.	einmal im Monat.	mehrmals im Monat.	mehrmals in der Woche.	mehrmals täglich.
Facebook					
Wer kennt wen?					
Jappy					
Odnoklassniki					
MeinVZ					
SchülerVZ					
Stayfriends					
Xing					
Twitter					
Spin					
Google+					
Kwick					
Tumblr					
StudiVZ					
Lokalisten					
LinkedIn					
Netlog					
Myspace					
LiveJournal					
Hi5					

3. Wofür nutzen Sie soziale Netzwerke?

Ergänzende Erläuterung:
Mehrfachnennungen sind möglich. Auch im Freitextfeld können Sie gerne mehrere Antworten angeben.

	Nachrichten verschicken und empfangen
	Informieren über Aktivitäten von Freunden
	Statusmeldungen veröffentlichen oder kommentieren
	Inhalte bewerten
	Informieren über Angebote

berufliche Zwecke (Jobsuche, Kommunikation etc.)
Freitextfeld

4. Wenn Sie nach aktuellen Stellenangeboten Ausschau halten würden, in welchen dieser Netzwerke würden Sie am ehesten Informationen diesbezüglich erwarten?

Ergänzende Erläuterung:
Bitte wählen Sie ein bis drei Netzwerke aus und sortieren Sie in absteigender Reihenfolge.

Facebook
Wer kennt wen?
Jappy
Odnoklassniki
MeinVZ
SchülerVZ
Stayfriends
Xing
Twitter
Spin
Google+
Kwick
Tumblr
StudiVZ
Lokalisten
LinkedIn
Netlog
Myspace
LiveJournal
Hi5

5. Nutzen Sie innerhalb der sozialen Netzwerke die Möglichkeit, den Zugriff auf Ihr Profil durch Ihnen nicht bekannte Personen einzuschränken?

	Ja
	Nein

6. Falls Ja, bei welchen Seiten machen Sie dies?

	Bei allen sozialen Netzwerken
	Facebook
	Wer kennt wen?
	Jappy
	Odnoklassniki
	MeinVZ
	SchülerVZ
	Stayfriends
	Xing
	Twitter
	Spin
	Google+
	Kwick
	Tumblr
	StudiVZ
	Lokalisten
	LinkedIn
	Netlog
	Myspace
	LiveJournal
	Hi5

7. Gibt es Bekannte, denen Sie grundsätzlich den Zugang zu Ihren vollständigen Profilinformationen verweigern?

Ergänzende Erläuterung:
Im Freitextfeld können gerne mehrere Angaben gemacht werden.

	Familie
	Freunde
	Arbeitskollegen
	Vorgesetzte
	Freitextfeld

8. Wo würden Sie nach aktuellen Stellenangeboten Ausschau halten?

	Niemals	Eher nein	Eher ja	Unbedingt
Tageszeitung überregional				
Tageszeitung regional				
Firmenhomepage				
Internet Stellen-börsen				
Jobmessen				
Soziale Netzwer-ke				
Arbeitsagentur				

9. Haben sie schon einmal in den offiziellen Gruppen von Unternehmen bei Facebook oder auf einer offiziellen Firmen Homepage nach Jobange-boten gesucht?

	Ja, bei Facebook
	Ja, auf Homepages
	Nein

10. Angenommen Sie sind auf der Suche nach einem beruflichen Einstieg bzw. einer neuen Herausforderung: Was ist Ihnen bei einem potenziellen neuen Arbeitgeber besonders wichtig?

	Vergütung / Gehalt
	sonstige Leistungen (z.B. Betriebskindergarten, Firmenwagen, Jobticket etc.)
	Bekannte innerhalb des Unternehmens / Empfehlungen von Bekannten
	Bekanntheitsgrad
	Umweltverhalten
	Internationalität
	Branche
	Karrieremöglichkeiten
	Standort
	Markterfolg
	Unternehmenskultur

11. Wurde Ihnen schon einmal ein Job von einem / einer Bekannten vermittelt?

Ergänzende Erläuterung:
Zum Beispiel hat Ihnen ein Bekannter / eine Bekannte geraten sich bei Unternehmen XY zu bewerben, Sie konkret auf offene Stellen hingewiesen oder sogar den Kontakt zu dem Unternehmen für Sie hergestellt.

	Ja, auf offene Stellen hingewiesen
	Ja, Kontakt hergestellt
	Nein

12. Falls ja, um was für eine Art von Beschäftigung handelte es sich dabei?

	Aushilfsjob
	Praktikum
	Berufsausbildung
	Festanstellung

13. Betreibt Ihr aktueller oder letzter Arbeitgeber eine eigene Facebook Seite und sind Sie Fan von dieser?

Ergänzende Erläuterung:
Fan = Sie haben auf Facebook angegeben, dass Ihnen die Seite gefällt

	Ja, bin aber kein Fan
	Ja, bin auch Fan
	Nein

14. Statistische Angaben

Alter

Geschlecht

	weiblich
	männlich

aktuelle Tätigkeit

	Schüler/in
	Student/in
	Auszubildende/r
	Angestellte/r
	Selbstständig

Ihr aktuell höchster schulischer oder universitärer Abschluss

	ohne Abschluss
	Hauptschulabschluss
	Mittlere Reife
	Fachhochschulreife
	Allgemeine Hochschulreife
	Bachelor Degree
	Diplom
	Master Degree
	Promotion

Ihr aktuell angestrebter schulischer oder universitärer Abschluss

	Hauptschulabschluss
	Mittlere Reife
	Fachhochschulreife
	Allgemeine Hochschulreife
	Bachelor Degree
	Diplom
	Master Degree
	Promotion
	kein weiterer Abschluss angestrebt

Haben Sie erfolgreich eine Berufsausbildung absolviert bzw. absolvieren aktuell eine Berufsausbildung?

	Ja, erfolgreich absolviert
	Ja, absolviere aktuell eine Ausbildung
	Nein

Wenn Sie bereits berufstätig sind oder aktuell eine Ausbildung absolvieren, in welcher Branche sind sie tätig?

	Fischerei und Fischzucht
	Baugewerbe
	Gastgewerbe
	Grundstücks- und Wohnungswesen
	Land- und Forstwirtschaft
	Erziehung und Unterricht
	Öffentliche Verwaltung
	Kredit- und Versicherungsgewerbe
	Gesundheits-, Veterinär- und Sozialwesen
	Handel
	Verkehr und Nachrichtenübermittlung
	Produzierendes Gewerbe

Anlage 2: Ergebnisse des Fragebogens

1. Welche der folgenden sozialen Netzwerke sind Ihnen bekannt?

Facebook

		Häufigkeit	Prozent	Gültige Prozente	Kumulierte Prozente
Gültig	nicht gewählt	4	,8	,8	,8
	ausgewählt	479	99,2	99,2	100,0
	Gesamt	483	100,0	100,0	

Wer kennt wen?

		Häufigkeit	Prozent	Gültige Prozente	Kumulierte Prozente
Gültig	nicht gewählt	117	24,2	24,2	24,2
	ausgewählt	366	75,8	75,8	100,0
	Gesamt	483	100,0	100,0	

Jappy

		Häufigkeit	Prozent	Gültige Prozente	Kumulierte Prozente
Gültig	nicht gewählt	331	68,5	68,5	68,5
	ausgewählt	152	31,5	31,5	100,0
	Gesamt	483	100,0	100,0	

MeinVZ

		Häufigkeit	Prozent	Gültige Prozente	Kumulierte Prozente
Gültig	nicht gewählt	123	25,5	25,5	25,5
	ausgewählt	360	74,5	74,5	100,0
	Gesamt	483	100,0	100,0	

Odnoklassniki

	Häufigkeit	Prozent	Gültige Prozente	Kumulierte Prozente
nicht gewählt	462	95,7	95,7	95,7
Gültig ausgewählt	21	4,3	4,3	100,0
Gesamt	483	100,0	100,0	

SchülerVZ

	Häufigkeit	Prozent	Gültige Prozente	Kumulierte Prozente
nicht gewählt	54	11,2	11,2	11,2
Gültig ausgewählt	429	88,8	88,8	100,0
Gesamt	483	100,0	100,0	

Stayfriends

	Häufigkeit	Prozent	Gültige Prozente	Kumulierte Prozente
nicht gewählt	279	57,8	57,8	57,8
Gültig ausgewählt	204	42,2	42,2	100,0
Gesamt	483	100,0	100,0	

Xing

	Häufigkeit	Prozent	Gültige Prozente	Kumulierte Prozente
nicht gewählt	154	31,9	31,9	31,9
Gültig ausgewählt	329	68,1	68,1	100,0
Gesamt	483	100,0	100,0	

Twitter

	Häufigkeit	Prozent	Gültige Prozente	Kumulierte Prozente
nicht gewählt	43	8,9	8,9	8,9
Gültig ausgewählt	440	91,1	91,1	100,0
Gesamt	483	100,0	100,0	

Spin

	Häufigkeit	Prozent	Gültige Prozente	Kumulierte Prozente
nicht gewählt	474	98,1	98,1	98,1
Gültig ausgewählt	9	1,9	1,9	100,0
Gesamt	483	100,0	100,0	

Google+

	Häufigkeit	Prozent	Gültige Prozente	Kumulierte Prozente
nicht gewählt	121	25,1	25,1	25,1
Gültig ausgewählt	362	74,9	74,9	100,0
Gesamt	483	100,0	100,0	

Kwick

	Häufigkeit	Prozent	Gültige Prozente	Kumulierte Prozente
nicht gewählt	471	97,5	97,5	97,5
Gültig ausgewählt	12	2,5	2,5	100,0
Gesamt	483	100,0	100,0	

Tumblr

	Häufigkeit	Prozent	Gültige Prozente	Kumulierte Prozente
nicht gewählt	343	71,0	71,0	71,0
Gültig ausgewählt	140	29,0	29,0	100,0
Gesamt	483	100,0	100,0	

StudiVZ

	Häufigkeit	Prozent	Gültige Prozente	Kumulierte Prozente
nicht gewählt	36	7,5	7,5	7,5
Gültig ausgewählt	447	92,5	92,5	100,0
Gesamt	483	100,0	100,0	

Lokalisten

		Häufigkeit	Prozent	Gültige Prozente	Kumulierte Prozente
Gültig	nicht gewählt	198	41,0	41,0	41,0
	ausgewählt	285	59,0	59,0	100,0
	Gesamt	483	100,0	100,0	

LinkedIn

		Häufigkeit	Prozent	Gültige Prozente	Kumulierte Prozente
Gültig	nicht gewählt	312	64,6	64,6	64,6
	ausgewählt	171	35,4	35,4	100,0
	Gesamt	483	100,0	100,0	

Netlog

		Häufigkeit	Prozent	Gültige Prozente	Kumulierte Prozente
Gültig	nicht gewählt	456	94,4	94,4	94,4
	ausgewählt	27	5,6	5,6	100,0
	Gesamt	483	100,0	100,0	

Myspace

		Häufigkeit	Prozent	Gültige Prozente	Kumulierte Prozente
Gültig	nicht gewählt	100	20,7	20,7	20,7
	ausgewählt	383	79,3	79,3	100,0
	Gesamt	483	100,0	100,0	

LiveJournal

		Häufigkeit	Prozent	Gültige Prozente	Kumulierte Prozente
Gültig	nicht gewählt	466	96,5	96,5	96,5
	ausgewählt	17	3,5	3,5	100,0
	Gesamt	483	100,0	100,0	

Hi5

	Häufigkeit	Prozent	Gültige Prozente	Kumulierte Prozente
nicht gewählt	466	96,5	96,5	96,5
Gültig ausgewählt	17	3,5	3,5	100,0
Gesamt	483	100,0	100,0	

2. Sind Sie selber bei einem der genannten Netzwerk angemeldet und wie schätzen Sie ihre Aktivität dort ein?

Facebook

		Häufigkeit	Prozent	Gültige Prozente	Kumulierte Prozente
	weniger als einmal im Monat.	16	3,3	3,7	3,7
	einmal im Monat.	3	,6	,7	4,3
Gültig	mehrmals im Monat.	18	3,7	4,1	8,5
	mehrmals in der Woche.	91	18,8	20,8	29,3
	mehrmals täglich.	309	64,0	70,7	100,0
	Gesamt	437	90,5	100,0	
Fehlend	nicht beantwortet	46	9,5		
Gesamt		483	100,0		

Wer kennt wen?

		Häufigkeit	Prozent	Gültige Prozente	Kumulierte Prozente
	weniger als einmal im Monat.	104	21,5	82,5	82,5
	einmal im Monat.	11	2,3	8,7	91,3
Gültig	mehrmals im Monat.	6	1,2	4,8	96,0
	mehrmals in der Woche.	5	1,0	4,0	100,0
	Gesamt	126	26,1	100,0	
Fehlend	nicht beantwortet	357	73,9		
Gesamt		483	100,0		

Jappy

		Häufigkeit	Prozent	Gültige Prozente	Kumulierte Prozente
Gültig	weniger als einmal im Monat.	70	14,5	94,6	94,6
	einmal im Monat.	2	,4	2,7	97,3
	mehrmals im Monat.	1	,2	1,4	98,6
	mehrmals täglich.	1	,2	1,4	100,0
	Gesamt	74	15,3	100,0	
Fehlend	nicht beantwortet	409	84,7		
Gesamt		483	100,0		

Odnoklassniki

		Häufigkeit	Prozent	Gültige Prozente	Kumulierte Prozente
Gültig	weniger als einmal im Monat.	56	11,6	90,3	90,3
	einmal im Monat.	1	,2	1,6	91,9
	mehrmals im Monat.	1	,2	1,6	93,5
	mehrmals in der Woche.	3	,6	4,8	98,4
	mehrmals täglich.	1	,2	1,6	100,0
	Gesamt	62	12,8	100,0	
Fehlend	nicht beantwortet	421	87,2		
Gesamt		483	100,0		

MeinVZ

		Häufigkeit	Prozent	Gültige Prozente	Kumulierte Prozente
Gültig	weniger als einmal im Monat.	88	18,2	97,8	97,8
	mehrmals im Monat.	1	,2	1,1	98,9
	mehrmals täglich.	1	,2	1,1	100,0
	Gesamt	90	18,6	100,0	
Fehlend	nicht beantwortet	393	81,4		
Gesamt		483	100,0		

SchülerVZ

		Häufigkeit	Prozent	Gültige Prozente	Kumulierte Prozente
Gültig	weniger als einmal im Monat.	94	19,5	96,9	96,9
	einmal im Monat.	1	,2	1,0	97,9
	mehrmals im Monat.	1	,2	1,0	99,0
	mehrmals in der Woche.	1	,2	1,0	100,0
	Gesamt	97	20,1	100,0	
Fehlend	nicht beantwortet	386	79,9		
Gesamt		483	100,0		

Stayfriends

		Häufigkeit	Prozent	Gültige Prozente	Kumulierte Prozente
Gültig	weniger als einmal im Monat.	73	15,1	93,6	93,6
	einmal im Monat.	2	,4	2,6	96,2
	mehrmals im Monat.	2	,4	2,6	98,7
	mehrmals in der Woche.	1	,2	1,3	100,0
	Gesamt	78	16,1	100,0	
Fehlend	nicht beantwortet	405	83,9		
Gesamt		483	100,0		

Nutzung sozialer Net: Xing

		Häufigkeit	Prozent	Gültige Prozente	Kumulierte Prozente
Gültig	weniger als einmal im Monat.	60	12,4	44,8	44,8
	einmal im Monat.	21	4,3	15,7	60,4
	mehrmals im Monat.	26	5,4	19,4	79,9
	mehrmals in der Woche.	20	4,1	14,9	94,8
	mehrmals täglich.	7	1,4	5,2	100,0
	Gesamt	134	27,7	100,0	

| Fehlend nicht beantwortet | 349 | 72,3 | | |
| Gesamt | 483 | 100,0 | | |

Twitter

		Häufigkeit	Prozent	Gültige Prozente	Kumulierte Prozente
Gültig	weniger als einmal im Monat.	67	13,9	54,0	54,0
	einmal im Monat.	10	2,1	8,1	62,1
	mehrmals im Monat.	16	3,3	12,9	75,0
	mehrmals in der Woche.	14	2,9	11,3	86,3
	mehrmals täglich.	17	3,5	13,7	100,0
	Gesamt	124	25,7	100,0	
Fehlend	nicht beantwortet	359	74,3		
Gesamt		483	100,0		

Spin

		Häufigkeit	Prozent	Gültige Prozente	Kumulierte Prozente
Gültig	weniger als einmal im Monat.	58	12,0	98,3	98,3
	einmal im Monat.	1	,2	1,7	100,0
	Gesamt	59	12,2	100,0	
Fehlend	nicht beantwortet	424	87,8		
Gesamt		483	100,0		

Google+

		Häufigkeit	Prozent	Gültige Prozente	Kumulierte Prozente
Gültig	weniger als einmal im Monat.	74	15,3	60,7	60,7
	einmal im Monat.	14	2,9	11,5	72,1
	mehrmals im Monat.	21	4,3	17,2	89,3
	mehrmals in der Woche.	9	1,9	7,4	96,7
	mehrmals täglich.	4	,8	3,3	100,0

		Häufigkeit	Prozent	Gültige Prozente	Kumulierte Prozente
	Gesamt	122	25,3	100,0	
Fehlend	nicht beantwortet	361	74,7		
Gesamt		483	100,0		

Kwick

		Häufigkeit	Prozent	Gültige Prozente	Kumulierte Prozente
Gültig	weniger als einmal im Monat.	59	12,2	98,3	98,3
	mehrmals in der Woche.	1	,2	1,7	100,0
	Gesamt	60	12,4	100,0	
Fehlend	nicht beantwortet	423	87,6		
Gesamt		483	100,0		

Tumblr

		Häufigkeit	Prozent	Gültige Prozente	Kumulierte Prozente
Gültig	weniger als einmal im Monat.	58	12,0	78,4	78,4
	einmal im Monat.	2	,4	2,7	81,1
	mehrmals im Monat.	4	,8	5,4	86,5
	mehrmals in der Woche.	4	,8	5,4	91,9
	mehrmals täglich.	6	1,2	8,1	100,0
	Gesamt	74	15,3	100,0	
Fehlend	nicht beantwortet	409	84,7		
Gesamt		483	100,0		

StudiVZ

		Häufigkeit	Prozent	Gültige Prozente	Kumulierte Prozente
Gültig	weniger als einmal im Monat.	120	24,8	85,1	85,1
	einmal im Monat.	11	2,3	7,8	92,9
	mehrmals im Monat.	7	1,4	5,0	97,9

		Häufigkeit	Prozent	Gültige Prozente	Kumulierte Prozente
	mehrmals in der Woche.	3	,6	2,1	100,0
	Gesamt	141	29,2	100,0	
Fehlend	nicht beantwortet	342	70,8		
Gesamt		483	100,0		

Lokalisten

		Häufigkeit	Prozent	Gültige Prozente	Kumulierte Prozente
Gültig	weniger als einmal im Monat.	69	14,3	97,2	97,2
	einmal im Monat.	1	,2	1,4	98,6
	mehrmals im Monat.	1	,2	1,4	100,0
	Gesamt	71	14,7	100,0	
Fehlend	nicht beantwortet	412	85,3		
Gesamt		483	100,0		

LinkedIn

		Häufigkeit	Prozent	Gültige Prozente	Kumulierte Prozente
Gültig	weniger als einmal im Monat.	62	12,8	80,5	80,5
	einmal im Monat.	7	1,4	9,1	89,6
	mehrmals im Monat.	6	1,2	7,8	97,4
	mehrmals in der Woche.	2	,4	2,6	100,0
	Gesamt	77	15,9	100,0	
Fehlend	nicht beantwortet	406	84,1		
Gesamt		483	100,0		

Netlog

		Häufigkeit	Prozent	Gültige Prozente	Kumulierte Prozente
Gültig	weniger als einmal im Monat.	57	11,8	100,0	100,0
Fehlend	nicht beantwortet	426	88,2		
Gesamt		483	100,0		

Myspace

		Häufigkeit	Prozent	Gültige Prozente	Kumulierte Prozente
Gültig	weniger als einmal im Monat.	80	16,6	94,1	94,1
	einmal im Monat.	3	,6	3,5	97,6
	mehrmals im Monat.	2	,4	2,4	100,0
	Gesamt	85	17,6	100,0	
Fehlend	nicht beantwortet	398	82,4		
Gesamt		483	100,0		

LiveJournal

		Häufigkeit	Prozent	Gültige Prozente	Kumulierte Prozente
Gültig	weniger als einmal im Monat.	56	11,6	94,9	94,9
	mehrmals im Monat.	2	,4	3,4	98,3
	mehrmals in der Woche.	1	,2	1,7	100,0
	Gesamt	59	12,2	100,0	
Fehlend	nicht beantwortet	424	87,8		
Gesamt		483	100,0		

3. Wofür nutzen Sie soziale Netzwerke?

Nachrichten verschicken und empfangen

		Häufigkeit	Prozent	Gültige Prozente	Kumulierte Prozente
Gültig	nicht gewählt	61	12,6	12,6	12,6
	ausgewählt	422	87,4	87,4	100,0
	Gesamt	483	100,0	100,0	

Informieren über Aktivitäten von Freunden

		Häufigkeit	Prozent	Gültige Prozente	Kumulierte Prozente
Gültig	nicht gewählt	131	27,1	27,1	27,1
	ausgewählt	352	72,9	72,9	100,0
	Gesamt	483	100,0	100,0	

Statusmeldungen veröffentlichen oder kommentieren

		Häufigkeit	Prozent	Gültige Prozente	Kumulierte Prozente
Gültig	nicht gewählt	290	60,0	60,0	60,0
	ausgewählt	193	40,0	40,0	100,0
	Gesamt	483	100,0	100,0	

Inhalte bewerten

		Häufigkeit	Prozent	Gültige Prozente	Kumulierte Prozente
Gültig	nicht gewählt	383	79,3	79,3	79,3
	ausgewählt	100	20,7	20,7	100,0
	Gesamt	483	100,0	100,0	

Informieren über Angebote

		Häufigkeit	Prozent	Gültige Prozente	Kumulierte Prozente
Gültig	nicht gewählt	400	82,8	82,8	82,8
	ausgewählt	83	17,2	17,2	100,0
	Gesamt	483	100,0	100,0	

berufliche Zwecke (Jobsuche, Kommunikation etc.)

		Häufigkeit	Prozent	Gültige Prozente	Kumulierte Prozente
Gültig	nicht gewählt	361	74,7	74,7	74,7
	ausgewählt	122	25,3	25,3	100,0
	Gesamt	483	100,0	100,0	

Freitextfeld

		Häufigkeit	Prozent	Gültige Prozente	Kumulierte Prozente
Gültig	nicht gewählt	432	89,4	89,4	89,4
	ausgewählt	51	10,6	10,6	100,0
	Gesamt	483	100,0	100,0	

Hinweis zu den erhaltenen Antworten:

Die erhaltenen Antworten sind ungekürzt und können unter Umständen Umgangssprache und Fehler in Rechtschreibung und Grammatik enthalten.

„Aktuelle Lebensinhalte von Freunden"

„allgemeinem Studenteninofrmationsaustausch"

„Als Informationsquelle über Nachrichten und kulturelles Geschehen"

„bin im keinen sozialen Netzwerk, weil das zeitverschwendung ist"

„Die Datenkraken nutze ich nicht. Wir haben im Freundeskreis eine Platform auf dem eigenem Server."

„Eventplanung"

„FB Studienaustausch"

„für andere kontaktierbar sein"

„für Gruppenarbeiten, praktsich für die Kommunikation und Austausch von z.B. Präsentationen"

„gar nicht"

„garnicht"

„Garnicht, Stichwort: Informationelle Selbstbestimmung."

„Geburtstage merken"

„Geburtstage nachsehen"

„gemeinsame Aktivitäten, zB fürs Studium, organisieren/koordinieren"

„Hochschul Informationen bekommen"

„Im Abitur um Hausaufgaben auszutauschen."

„in Kontakt bleiben"

„Infos über Veranstaltungen, Austausch von Ergebnissen, gemeinsames Lernen"

„Kommunikation in großen Gruppen"

„Kommunikation innerhalb des Studienganges"

„Kontak zu Personen die man selten sieht"

„Kontakt halten"

„Kontakt zu Freunden"

„Kontakt zu Verwandten im Ausland"

„Musikpromotion"

„Nach der Revolutinon in Tunesien im Jahr 2011 folge ich täglich die Nachrichten (über Politik)"

„nichts"

„nutze gar keine Netzwerke"

„Online Games spielen"

„organisation"

„Organisation"

„organisatorisches klären"

„Planungen"

„Selektierte Blödsin auf dem Internet suchen"

„Studienzwecke, besprechungen"

„Studium"

„Treffen mit Freunden planen"

„um Personen zu suchen die ich kenne oder kenngelernt hab."

„Unigruppe Neuigkeiten"

„Unterhaltung"

„Veranstaltungen"

„Veranstaltungen planen"

„Veranstaltungsplanung"

„Wiederfinden von alten Bekannten"

„Zeitvertreib durch Spiele / posts etc."

„Zum lachen"

4. Wenn Sie nach aktuellen Stellenangeboten Ausschau halten würden, in welchen dieser Netzwerke würden Sie am ehesten Informationen diesbezüglich erwarten?

	Rang 1	Rang 2	Rang 3
Xing	259	25	7
Facebook	89	91	78
LinkedIn	22	71	12
Google+	19	32	43
Twitter	5	36	25
Lokalisten	7	18	15
StudiVZ	4	11	17
Wer kennt wen?	5	11	13
LiveJournal	4	8	13
Myspace	4	5	8

MeinVZ	1	5	4
SchülerVZ	0	1	5
Jappy	0	0	3
Netlog	0	0	3
Odnoklassniki	0	2	0
Stayfriends	0	1	1
Spin	0	1	1
Tumblr	0	1	0
Kwick	0	0	0
Hi5	0	0	0

5. Nutzen Sie innerhalb der sozialen Netzwerke die Möglichkeit, den Zugriff auf Ihr Profil durch Ihnen nicht bekannte Personen einzuschränken?

		Häufigkeit	Prozent	Gültige Prozente	Kumulierte Prozente
Gültig	Ja	440	91,1	94,8	94,8
	Nein	24	5,0	5,2	100,0
	Gesamt	464	96,1	100,0	
Fehlend	nicht beantwortet	19	3,9		
Gesamt		483	100,0		

6. Falls Ja, bei welchen Seiten machen Sie dies?

	gewählt
Bei allen sozialen Netzwerken	250
Facebook	178
StudiVZ	16
Google+	13
Xing	12
Wer kennt wen?	7
SchülerVZ	5
Stayfriends	4
Twitter	4
Jappy	3
MeinVZ	3
LinkedIn	3
Lokalisten	2
Myspace	2
Odnoklassniki	1

Tumblr	1
Netlog	1
LiveJournal	1
Hi5	1
Spin	0
Kwick	0

7. Gibt es Bekannte, denen Sie grundsätzlich den Zugang zu Ihren vollständigen Profilinformationen verweigern?

Familie

		Häufigkeit	Prozent	Gültige Prozente	Kumulierte Prozente
	nicht gewählt	431	89,2	89,2	89,2
Gültig	ausgewählt	52	10,8	10,8	100,0
	Gesamt	483	100,0	100,0	

Freunde

		Häufigkeit	Prozent	Gültige Prozente	Kumulierte Prozente
	nicht gewählt	444	91,9	91,9	91,9
Gültig	ausgewählt	39	8,1	8,1	100,0
	Gesamt	483	100,0	100,0	

Arbeitskollegen

		Häufigkeit	Prozent	Gültige Prozente	Kumulierte Prozente
	nicht gewählt	343	71,0	71,0	71,0
Gültig	ausgewählt	140	29,0	29,0	100,0
	Gesamt	483	100,0	100,0	

Vorgesetzte

		Häufigkeit	Prozent	Gültige Prozente	Kumulierte Prozente
	nicht gewählt	286	59,2	59,2	59,2
Gültig	ausgewählt	197	40,8	40,8	100,0
	Gesamt	483	100,0	100,0	

Freitextfeld

		Häufigkeit	Prozent	Gültige Prozente	Kumulierte Prozente
	nicht gewählt	433	89,6	89,6	89,6
Gültig	ausgewählt	50	10,4	10,4	100,0
	Gesamt	483	100,0	100,0	

Hinweis zu den erhaltenen Antworten:

Die erhaltenen Antworten sind ungekürzt und können unter Umständen Umgangssprache und Fehler in Rechtschreibung und Grammatik enthalten.

„Alle gleich"

„alle, die ich nicht zu engsten Freunden zähle"

„Alle. Es gibt eine stufenweisen Zugang zu Informationen. Familie sehen mehr als „Freunde, diese mehr als Arbeitskollegen."

„allen"

„allen nicht guten Freunden"

„Bekannte" (5 Nennungen)

„Bekannte, Firmen"

„bestimmte Bekannte"

„Da ich die Netzwerke bewusst nicht nutze, sinnlose Frage"

„Dozenten"

„Eigene erstellt Liste mit "entfernteren" bekannten, mit denen ich meine Statusmeldungen nicht teilen möchte (freunde meiner Eltern,ein paar wenige aus der Familie...)"

„Einigen Freunden"

„entfernte Bekannte"

„Feinde"

„Flüchtige Bekannte"

„Freundeskreis gruppiert, dementsprechend Zugang"

„gibt es nicht"

„Ich akzeptiere Freundschaftsanfragen nur von den leuten die ich kenne und von daher gibt's keine Einschränkungen"

„individuell"

„keine(m)"

„Kommilitonen"

„Kommilitonen, Mitschüler"

„Manche Bekannte"

„Manchen Freunden+Familienmitglieder (Nicht allen)"

„Menschen, die ich nicht mag"

„Nachhilfeschüler"

„nein" (5 Nennungen)

„Nein" (2 Nennungen)

„nein jeder kann es sehen"

„nervige Verehrer xD"

„nicht enge Freunde"

„Niemandem"

„Partner"

„Professoren"

„Schwiegereltern"

„Unbekannte" (2 Nennungen)

„Unliebsame Bekannte"

„unterschiedlich"

„wenn bekannt dann uneingeschränkt"

8. Wo würden Sie nach aktuellen Stellenangeboten Ausschau halten?

	niemals	eher nein	eher ja	unbedingt
Tageszeitung überregional	34	117	163	169
Tageszeitung regional	34	105	143	201
Firmenhomepage	7	32	92	352
Internet Stellenbörsen	8	38	117	320
Jobmessen	23	118	162	180
Soziale Netzwerke	145	236	78	24
Arbeitsagentur	35	134	170	144

9. Haben sie schon einmal in den offiziellen Gruppen von Unternehmen bei Facebook oder auf einer offiziellen Firmen Homepage nach Jobangeboten gesucht?

Ja, bei Facebook

		Häufigkeit	Prozent	Gültige Prozente	Kumulierte Prozente
	nicht gewählt	440	91,1	91,1	91,1
Gültig	ausgewählt	43	8,9	8,9	100,0
	Gesamt	483	100,0	100,0	

Ja, auf Homepages

		Häufigkeit	Prozent	Gültige Prozente	Kumulierte Prozente
	nicht gewählt	233	48,2	48,2	48,2
Gültig	ausgewählt	250	51,8	51,8	100,0
	Gesamt	483	100,0	100,0	

Nein

		Häufigkeit	Prozent	Gültige Prozente	Kumulierte Prozente
	nicht gewählt	257	53,2	53,2	53,2
Gültig	ausgewählt	226	46,8	46,8	100,0
	Gesamt	483	100,0	100,0	

10. Angenommen Sie sind auf der Suche nach einem beruflichen Einstieg bzw. einer neuen Herausforderung: Was ist Ihnen bei einem potenziellen neuen Arbeitgeber besonders wichtig?

	ausgewählt
Vergütung / Gehalt	398
Standort	350
Karrieremöglichkeiten	341
Unternehmenskultur	270
Branche	257
sonstige Leistungen (z.B. Betriebskindergarten, Firmenwagen, Jobticket etc.)	237
Internationalität	123
Umweltverhalten	94
Markterfolg	94
Bekanntheitsgrad	66
Bekannte innerhalb des Unternehmens / Empfehlungen von Bekannten	63

11. Wurde Ihnen schon einmal ein Job von einem / einer Bekannten vermittelt?

	ausgewählt
Ja, auf offene Stellen hingewiesen	163
Ja, Kontakt hergestellt	244
Nein	151

12. Falls ja, um was für eine Art von Beschäftigung handelte es sich dabei?

	ausgewählt
Aushilfsjob	155
Praktikum	179
Berufsausbildung	62
Festanstellung	61

13. Betreibt Ihr aktueller oder letzter Arbeitgeber eine eigene Facebook Seite und sind Sie Fan von dieser?

		Häufigkeit	Prozent	Gültige Prozente	Kumulierte Prozente
Gültig	Ja, bin aber kein Fan	100	20,7	21,5	21,5
	Ja, bin auch Fan	134	27,7	28,8	50,3
	Nein	231	47,8	49,7	100,0
	Gesamt	465	96,3	100,0	
Fehlend	nicht beantwortet	18	3,7		
Gesamt		483	100,0		

14. Statistische Angaben

Alter

		Häufigkeit	Prozent	Gültige Prozente	Kumulierte Prozente
Gültig	2	1	,2	,2	,2
	14	1	,2	,2	,4
	15	1	,2	,2	,6
	17	2	,4	,4	1,0
	18	6	1,2	1,2	2,3
	19	22	4,6	4,6	6,8
	20	53	11,0	11,0	17,8
	21	56	11,6	11,6	29,4
	22	55	11,4	11,4	40,8
	23	39	8,1	8,1	48,9
	24	57	11,8	11,8	60,7
	25	43	8,9	8,9	69,6
	26	29	6,0	6,0	75,6
	27	30	6,2	6,2	81,8
	28	17	3,5	3,5	85,3
	29	19	3,9	3,9	89,2
	30	13	2,7	2,7	91,9
	31	10	2,1	2,1	94,0
	32	6	1,2	1,2	95,2
	34	6	1,2	1,2	96,5
	35	1	,2	,2	96,7
	36	2	,4	,4	97,1
	38	1	,2	,2	97,3
	39	1	,2	,2	97,5
	40	3	,6	,6	98,1
	41	1	,2	,2	98,3
	42	3	,6	,6	99,0
	44	2	,4	,4	99,4
	48	1	,2	,2	99,6
	49	1	,2	,2	99,8
	61	1	,2	,2	100,0
	Gesamt	483	100,0	100,0	

Geschlecht

		Häufigkeit	Prozent	Gültige Prozente	Kumulierte Prozente
Gültig	männlich	267	55,3	55,3	55,3
	weiblich	216	44,7	44,7	100,0
	Gesamt	483	100,0	100,0	

Bildungsgrad aktuell

		Häufigkeit	Prozent	Gültige Prozente	Kumulierte Prozente
Gültig	Hauptschulabschluss	4	,8	,8	,8
	Mittlere Reife	9	1,9	1,9	2,7
	Fachhochschulreife	111	23,0	23,0	25,7
	Allgemeine Hochschulreife	261	54,0	54,1	79,9
	Bachelor Degreee	64	13,3	13,3	93,2
	Diplom	16	3,3	3,3	96,5
	Master Degree	11	2,3	2,3	98,8
	Promotion	3	,6	,6	99,4
	ohne Abschluss	3	,6	,6	100,0
	Gesamt	482	99,8	100,0	
Fehlend	nicht beantwortet	1	,2		
Gesamt		483	100,0		

Bildungsgrad angestrebt

		Häufigkeit	Prozent	Gültige Prozente	Kumulierte Prozente
Gültig	Hauptschulabschluss	2	,4	,4	,4
	Mittlere Reife	1	,2	,2	,6
	Fachhochschulreife	5	1,0	1,1	1,7
	Allgemeine Hochschulreife	4	,8	,8	2,5
	Bachelor Degreee	347	71,8	72,9	75,4
	Diplom	3	,6	,6	76,1
	Master Degree	67	13,9	14,1	90,1
	Promotion	8	1,7	1,7	91,8
	kein weiterer Abschluss angestrebt	39	8,1	8,2	100,0

	Gesamt	476	98,6	100,0	
Fehlend	nicht beantwortet	7	1,4		
Gesamt		483	100,0		

Ausbildung

		Häufigkeit	Prozent	Gültige Prozente	Kumulierte Prozente
Gültig	Ja, erfolgreich absolviert	205	42,4	43,0	43,0
	Ja, absolviere aktuell eine Ausbildung	33	6,8	6,9	49,9
	Nein	239	49,5	50,1	100,0
	Gesamt	477	98,8	100,0	
Fehlend	nicht beantwortet	6	1,2		
Gesamt		483	100,0		

Tätigkeit

		Häufigkeit	Prozent	Gültige Prozente	Kumulierte Prozente
Gültig	Produzierendes Gewerbe	47	9,7	23,9	23,9
	Baugewerbe	2	,4	1,0	24,9
	Handel	26	5,4	13,2	38,1
	Gastgewerbe	13	2,7	6,6	44,7
	Verkehr und Nachrichtenübermittlung	13	2,7	6,6	51,3
	Kredit- und Versicherungsgewerbe	19	3,9	9,6	60,9
	Grundstücks- und Wohnungswesen	3	,6	1,5	62,4
	Öffentliche Verwaltung	44	9,1	22,3	84,8
	Erziehung und Unterricht	4	,8	2,0	86,8
	Gesundheits-, Veterinär- und Sozialwesen	22	4,6	11,2	98,0
	Land- und Forstwirtschaft	2	,4	1,0	99,0
	Fischerei und Fischzucht	2	,4	1,0	100,0
	Gesamt	197	40,8	100,0	

		Häufigkeit	Prozent		
Fehlend	nicht beantwortet	286	59,2		
Gesamt		483	100,0		

Beruf

		Häufigkeit	Prozent	Gültige Prozente	Kumulierte Prozente
Gültig	Schüler/in	5	1,0	1,0	1,0
	Student/in	406	84,1	84,8	85,8
	Auszubildende/r	1	,2	,2	86,0
	Angestellte/r	60	12,4	12,5	98,5
	Selbstständig	7	1,4	1,5	100,0
	Gesamt	479	99,2	100,0	
Fehlend	nicht beantwortet	4	,8		
Gesamt		483	100,0		

Anlage 3: Ergebnisse aus SPSS zu Hypothese 2

Xing:

Verarbeitete Fälle

	Fälle					
	Gültig		Fehlend		Gesamt	
	N	Prozent	N	Prozent	N	Prozent
Nutzung * Bewertung	483	100,0%	0	0,0%	483	100,0%

Nutzung * Bewertung Kreuztabelle

		Bewertung		Gesamt
		keine Jobsuche	Jobsuche	
Nutzung	Nein	293	56	349
	Ja	88	46	134
Gesamt		381	102	483

Chi-Quadrat-Tests

	Wert	df	Asymptotische Signifikanz (2-seitig)	Exakte Signifikanz (2-seitig)	Exakte Signifikanz (1-seitig)
Chi-Quadrat nach Pearson	19,428[a]	1	,000		
Kontinuitätskorrektur[b]	18,346	1	,000		
Likelihood-Quotient	18,194	1	,000		
Exakter Test nach Fisher				,000	,000
Zusammenhang linear-mit-linear	19,388	1	,000		
Anzahl der gültigen Fälle	483				

a. 0 Zellen (,0%) haben eine erwartete Häufigkeit kleiner 5. Die minimale erwartete Häufigkeit ist 28,30.
b. Wird nur für eine 2x2-Tabelle berechnet

LinkedIn:

Verarbeitete Fälle

	Fälle					
	Gültig		Fehlend		Gesamt	
	N	Prozent	N	Prozent	N	Prozent
Nutzung * Bewertung	483	100,0%	0	0,0%	483	100,0%

Nutzung * Bewertung Kreuztabelle

		Bewertung		Gesamt
		keine Jobsuche	Jobsuche	
Nutzung	Nein	329	77	406
	Ja	52	25	77
Gesamt		381	102	483

Chi-Quadrat-Tests

	Wert	df	Asymptotische Signifikanz (2-seitig)	Exakte Signifikanz (2-seitig)	Exakte Signifikanz (1-seitig)
Chi-Quadrat nach Pearson	7,083[a]	1	,008		
Kontinuitätskorrektur[b]	6,296	1	,012		
Likelihood-Quotient	6,509	1	,011		
Exakter Test nach Fisher				,014	,008
Zusammenhang linear-mit-linear	7,069	1	,008		
Anzahl der gültigen Fälle	483				

a. 0 Zellen (,0%) haben eine erwartete Häufigkeit kleiner 5. Die minimale erwartete Häufigkeit ist 16,26.

b. Wird nur für eine 2x2-Tabelle berechnet

Anlage 4: Ergänzende Abbildungen zu Kapitel 5.6

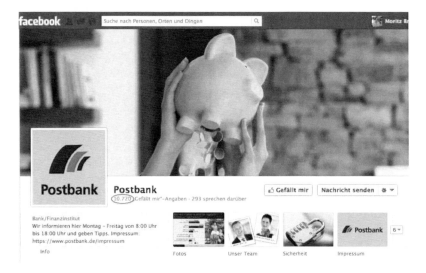

Abbildung 1 – Die Ermittlung der „Fans" der Deutsche Postbank AG auf Facebook (roter Kreis)

Quelle: Eigene Darstellung

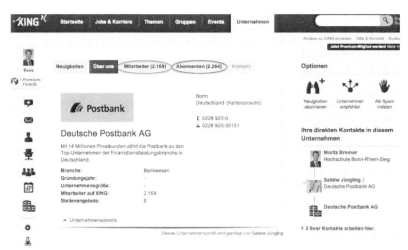

Abbildung 2 – Die Ermittlung von Abonnenten (roter Kreis) und aktiven Mitarbeitern (blauer Kreis) der Deutsche Postbank AG auf Xing

Quelle: Eigene Darstellung

Quellenverzeichnis

Adidas AG [o.J.]:
Offizielle Adidas Seite bei Facebook, [o.J.], Online im Internet:
https://www.facebook.com/adidas, [14.12.2012].

Adidas AG [o.J. a]:
Offizielle Adidas Seite bei LinkedIn, [o.J.], Online im Internet:
http://www.linkedin.com/company/adidas, [14.12.2012].

Adidas AG [o.J. b]:
Offizielle Adidas Seite bei Xing, [o.J.], Online im Internet:
https://www.xing.com/companies/adidasgroup, [14.12.2012].

Allianz SE [o.J.]:
Offizielle Allianz Seite bei Facebook, [o.J.], Online im Internet:
https://www.facebook.com/allianzdeutschland, [14.12.2012].

Allianz SE [o.J. a]:
Offizielle Allianz Seite bei LinkedIn, [o.J.], Online im Internet:
http://www.linkedin.com/company/allianz, [14.12.2012].

Allianz SE [o.J. b]:
Offizielle Allianz Seite bei Xing, [o.J.], Online im Internet:
https://www.xing.com/companies/allianzdeutschlandag, [14.12.2012].

BASF SE [o.J.]:
Offizielle BASF Seite bei Facebook, [o.J.], Online im Internet:
https://www.facebook.com/basf, [14.12.2012].

BASF SE [o.J. a]:
Offizielle BASF Seite bei LinkedIn, [o.J.], Online im Internet:
http://www.linkedin.com/company/basf, [14.12.2012].

BASF SE [o.J. b]:
Offizielle BASF Seite bei Xing, [o.J.], Online im Internet:
https://www.xing.com/company/basf, [14.12.2012].

Bampo, M./ Ewing, M./ Mather, D./ Stewart, D./ Wallace, M. [2008]:
The Effects of the Social Structure of Digital Networks on Viral Marketing
Performance, in: Information Systems Research, 19. Jg., Heft 3, S. 273 - 290.

Bayer AG [o.J.]:
Offizielle Bayer Seite bei Facebook, [o.J.], Online im Internet:
https://www.facebook.com/Bayer, [14.12.2012].

Bayer AG [o.J. a]:
Offizielle Bayer Seite bei LinkedIn, [o.J.], Online im Internet:
http://www.linkedin.com/company/bayer, [14.12.2012].

Bayer AG [o.J. b]:
Offizielle Bayer Seite bei Xing, [o.J.], Online im Internet:
https://www.xing.com/companies/bayer, [14.12.2012].

Beiersdorf AG [o.J.]:
Offizielle Beiersdorf Seite bei Facebook, [o.J.], Online im Internet:
https://www.facebook.com/pages/Beiersdorf-
AG/103724113000262?fref=ts&rf=105963306101187, [14.12.2012].

Beiersdorf AG [o.J. a]
Offizielle Beiersdorf Seite bei LinkedIn, [o.J.], Online im Internet:
http://www.linkedin.com/company/beiersdorf, [14.12.2012].

Beiersdorf AG [o.J. b]
Offizielle Beiersdorf Seite bei Xing, [o.J.], Online im Internet:
https://www.xing.com/companies/beiersdorfag, [14.12.2012].

Berthel, J./ Becker, F. [2010]:
Personal-Management – Grundzüge für Konzeptionen betrieblicher Personalarbeit, 9., vollständig überarbeitete Auflage, Stuttgart.

Bleymüller, J./ Gehlert, G./ Gülicher, H. [2008]:
Statistik für Wirtschaftswissenschaftler, 15., überarbeitete Auflage, München.

BMW AG [o.J.]:
Offizielle BMW Seite bei Facebook, [o.J.], Online im Internet:
https://www.facebook.com/BMW, [14.12.2012].

BMW AG [o.J. a]
Offizielle BMW Seite bei LinkedIn, [o.J.], Online im Internet:
http://www.linkedin.com/company/bmw, [14.12.2012].

BMW AG [o.J. b]
Offizielle BMW Seite bei Xing, [o.J.], Online im Internet:
https://www.xing.com/companies/bmwgroup, [14.12.2012].

Boyd, D. M./ Ellison, N. B. [2007]:
Social network sites – Definition, history and scholarship, [2007], Online im
Internet: http://jcmc.indiana.edu/vol13/issue1/boyd.ellison.html, [01.06.2012]

Brin, S./ Page, L. [1998]:
The anatomy of a large-scale hypertextual Web search engine. Computer
Networks and ISDN Systems, 30. Jg., Heft 1-7, S. 107 - 117.

Bröckermann, R. [2007]:
Personalwirtschaft – Lehr- und Übungsbuch für Human Resource Management,
4., überarbeitete und erweiterte Auflage, Stuttgart.

Bundesdatenschutzgesetz (BDG),
vom 27. Januar 1977, (BGBl. 1977 I S. 201), idF. vom 14. August 2009, (BGBl.
2009 I S. 2814).

Clemons, E. K./ Barnett, S./ Appadurai, A. [2007]:
The Future of Advertising and the Value of Social Network Websites – Some Preliminary Examinations. in: ICEC '07: Proceedings of the ninth international conference on Electronic commerce, New York, S. 267 - 276.

Commerzbank AG [o.J.]:
Offizielle Commerzbank Seite bei Facebook, [o.J.], Online im Internet: https://www.facebook.com/commerzbankcareer, [14.12.2012].

Commerzbank AG [o.J. a]:
Offizielle Commerzbank Seite bei LinkedIn, [o.J.], Online im Internet: http://www.linkedin.com/company/commerzbank-ag, [14.12.2012].

Commerzbank AG [o.J. b]:
Offizielle Commerzbank Seite bei Xing, [o.J.], Online im Internet: https://www.xing.com/companies/commerzbankag, [14.12.2012].

Continental AG [o.J.]:
Offizielle Continental Seite bei Facebook, [o.J.], Online im Internet: https://www.facebook.com/Continental, [14.12.2012].

Continental AG [o.J. a]:
Offizielle Continental Seite bei LinkedIn, [o.J.], Online im Internet: http://www.linkedin.com/company/continental, [14.12.2012].

Continental AG [o.J. b]:
Offizielle Continental Seite bei Xing, [o.J.], Online im Internet: https://www.xing.com/companies/continentalag, [14.12.2012].

Cyganski, P. [2008]:
Soziale Netzwerke im Web 2.0 – Chancen, Risiken und Veränderungen für Organisationen, in: Becker, J./ Knackstedt, R./ Pfeiffer, D.(Hrsg.): Wertschöpfungsnetzwerke – Konzepte für das Netzwerkmanagement und Potenziale aktueller Informationstechnologien, Heidelberg, S. 305 - 324.

Daimler AG [o.J.]:
Offizielle Daimler Seite bei Facebook, [o.J.], Online im Internet: https://www.facebook.com/daimlercareer, [14.12.2012].

Daimler AG [o.J. a]
Offizielle Daimler Seite bei LinkedIn, [o.J.], Online im Internet: http://www.linkedin.com/company/daimler, [14.12.2012].

Daimler AG [o.J. b]
Offizielle Daimler Seite bei Xing, [o.J.], Online im Internet: https://www.xing.com/companies/daimlerag, [14.12.2012].

Deutsche Bank AG [o.J.]:
Offizielle Deutsche Bank Seite bei Facebook, [o.J.], Online im Internet: https://www.facebook.com/DeutscheBank, [14.12.2012].

Deutsche Bank AG [o.J. a]:
Offizielle Deutsche Bank Seite bei LinkedIn, [o.J.], Online im Internet:
http://www.linkedin.com/company/deutsche-bank, [14.12.2012].

Deutsche Bank AG [o.J. b]:
Offizielle Deutsche Bank Seite bei Xing, [o.J.], Online im Internet:
https://www.xing.com/companies/deutschebankag, [14.12.2012].

Deutsche Börse AG [o.J.]:
Offizielle Deutsche Börse Seite bei Facebook, [o.J.], Online im Internet:
https://www.facebook.com/DeutscheBoerseAG, [14.12.2012].

Deutsche Börse AG [o.J. a]:
Offizielle Deutsche Börse Seite bei LinkedIn, [o.J.], Online im Internet:
http://www.linkedin.com/company/deutsche-borse, [14.12.2012].

Deutsche Börse AG [o.J. b]:
Offizielle Deutsche Börse Seite bei Xing, [o.J.], Online im Internet:
https://www.xing.com/companies/deutscheb%2525C3%252596rseag,
[14.12.2012].

Deutsche Lufthansa AG [o.J.]:
Offizielle Lufthansa Seite bei Facebook, [o.J.], Online im Internet:
https://www.facebook.com/lufthansa?rf=108077865892616, [14.12.2012].

Deutsche Lufthansa AG [o.J. a]:
Offizielle Lufthansa Seite bei LinkedIn, [o.J.], Online im Internet:
http://www.linkedin.com/company/lufthansa, [14.12.2012].

Deutsche Lufthansa AG [o.J. b]:
Offizielle Lufthansa Seite bei Xing, [o.J.], Online im Internet:
https://www.xing.com/companies/deutschelufthansaag, [14.12.2012].

Deutsche Post AG [o.J.]:
Offizielle Deutsche Post Seite bei Facebook, [o.J.], Online im Internet:
https://www.facebook.com/deutschepost, [14.12.2012].

Deutsche Post AG [o.J. a]:
Offizielle Deutsche Post Seite bei LinkedIn, [o.J.], Online im Internet:
http://www.linkedin.com/company/deutsche-post-ag, [14.12.2012].

Deutsche Post AG [o.J. b]:
Offizielle Deutsche Post Seite bei Xing, [o.J.], Online im Internet:
https://www.xing.com/companies/deutschepostag, [14.12.2012].

Deutsche Postbank AG [o.J.]:
Offizielle Postbank Seite bei Facebook, [o.J.], Online im Internet:
https://www.facebook.com/postbank, [14.12.2012].

Deutsche Postbank AG [o.J. a]:
Offizielle Postbank Seite bei LinkedIn, [o.J.], Online im Internet:
http://www.linkedin.com/company/deutsche-postbank-ag, [14.12.2012].

Deutsche Postbank AG [o.J. b]:
Offizielle Postbank Seite bei Xing, [o.J.], Online im Internet:
https://www.xing.com/companies/deutschepostbankag, [14.12.2012].

Deutsche Postbank AG [2012]:
Ad-hoc Mitteilung über den Abschluss eines Beherrschungs- und Gewinnabführungsvertrages zwischen der Deutsche Postbank AG als abhängigem Unternehmen und der DB Finanz-Holding GmbH als herrschendem Unternehmen, [30.03.2012], Online im Internet:
https://www.postbank.de/postbank/2012_03_30.html, [21.12.2012].

Deutsche Postbank AG [2012a]:
Geschäftsbericht 2011, [28.03.2012], Online im Internet:
https://www.postbank.de/postbank/docs/PBGB2011_D.pdf, [14.12.2012].

Deutsche Telekom AG [o.J.]:
Offizielle Telekom Seite bei Facebook, [o.J.], Online im Internet:
https://www.facebook.com/deutschetelekom, [14.12.2012].

Deutsche Telekom AG [o.J. a]:
Offizielle Telekom Seite bei LinkedIn, [o.J.], Online im Internet:
http://www.linkedin.com/company/deutsche-telekom, [14.12.2012].

Deutsche Telekom AG [o.J. b]:
Offizielle Telekom Seite bei Xing, [o.J.], Online im Internet:
https://www.xing.com/companies/deutschetelekomag, [14.12.2012].

Drumm, H. J. [2008]:
Personalwirtschaft, 6., überarbeitete Auflage, Berlin.

E.ON SE [o.J.]:
Offizielle E.ON Seite bei Facebook, [o.J.], Online im Internet:
https://www.facebook.com/pages/EON-AG/113460872048474?rf=114894275191863, [14.12.2012].

E.ON SE [o.J. a]:
Offizielle E.ON Seite bei LinkedIn, [o.J.], Online im Internet:
http://www.linkedin.com/company/e.on, [14.12.2012].

E.ON SE [o.J. b]:
Offizielle E.ON Seite bei Xing, [o.J.], Online im Internet:
https://www.xing.com/companies/e.onag, [14.12.2012].

Facebook [2012]:
Newsroom – Key Facts, [01.10.2012], Online im Internet:
https://newsroom.fb.com/Key-Facts, [01.12.2012].

Financial Times Deutschland [2012]:
Börsengang: Facebook-Aktien kosten 38 Dollar, [18.05.2012], Online im Internet: http://www.ftd.de/it-medien/medien-internet/:boersengang-facebook-aktien-kosten-38-dollar/70038544.html, [19.05.2012].

Frankfurter Rundschau [2013]:
Arbeitsmarkt – Firmen zahlen für ausländische Fachkräfte, [02.01.2013], Online im Internet: http://www.fr-online.de/wirtschaft/arbeitsmarkt-firmen-zahlen-fuer-auslaendische-fachkraefte,1472780,21373500.html, [08.01.2013].

Freeman, L. [1979]:
Centrality in Social Networks – Conceptual Clarification, in: Social Networks, 1. Jg., Heft 3, S. 215 - 239.

Fresenius Medical Care AG & Co. KGaA [o.J. a]:
Offizielle Fresenius Medical Care Seite bei LinkedIn, [o.J.], Online im Internet: http://www.linkedin.com/company/fresenius-medical-care, [14.12.2012].

Fresenius Group [o.J.]:
Offizielle Fresenius Medical Care & Fresenius SE Seite bei Facebook, [o.J.], Online im Internet: https://www.facebook.com/freseniuskarriere, [14.12.2012].

Fresenius Group [o.J. b]:
Offizielle Fresenius Medical Care & Fresenius SE Seite bei Xing, [o.J.], Online im Internet: https://www.xing.com/companies/freseniusgroup, [14.12.2012].

Fresenius SE & Co. KGaA [o.J. a]:
Offizielle Fresenius SE Seite bei LinkedIn, [o.J.], Online im Internet: http://www.linkedin.com/company/fresenius-se, [14.12.2012].

Gmür, M./ Martin, P/ Karczinski, D. [2002]:
Employer Branding – Schlüsselfunktion im strategischen Personalmarketing, in: Personal: Zeitschrift für Human Resource Management, 54. Jg., Heft 10, S. 12 - 17.

Granovetter, M. S. [1973]:
The Strength of Weak Ties, in: The American Journal of Sociology, 78. Jg., Heft 6, S. 1360 - 1380.

Handelsblatt [2012]:
Fachkräftemangel – Europas Spitzenkräfte bevorzugen Deutschland, [22.12.2012], Online im Internet: http://www.handelsblatt.com/politik/deutschland/fachkraeftemangel-europas-spitzenkraefte-bevorzugen-deutschland/7557232.html, [08.01.2013].

HeidelbergCement AG [o.J.]:
Offizielle HeidelbergCement Seite bei Facebook, [o.J.], Online im Internet: https://www.facebook.com/pages/Heidelberg-Cement/109992339023196?fref=ts, [14.12.2012].

HeidelbergCement AG [o.J. a]:
Offizielle HeidelbergCement Seite bei LinkedIn, [o.J.], Online im Internet: http://www.linkedin.com/company/heidelbergcement, [14.12.2012].

HeidelbergCement AG [o.J. b]:
Offizielle HeidelbergCement Seite bei Xing, [o.J.], Online im Internet: https://www.xing.com/companies/heidelbergcementag, [14.12.2012].

Heidemann, J. [2010]:
Online Social Networks – Ein sozialer und technischer Überblick, in: Informatik Spektrum, 33. Jahrgang, Heft 3, S. 262 - 271.

Heise Online [2010]:
Verbraucherzentrale rät zu Verzicht auf Facebook, [07.04.2010], Online im Internet: http://www.heise.de/newsticker/meldung/Verbraucherzentrale-raet-zu-Verzicht-auf-Facebook-972308.html, [05.01.2013].

Henkel AG & Co. KGaA [o.J.]:
Offizielle Henkel Seite bei Facebook, [o.J.], Online im Internet: https://www.facebook.com/henkel, [14.12.2012].

Henkel AG & Co. KGaA [o.J. a]:
Offizielle Henkel Seite bei LinkedIn, [o.J.], Online im Internet: http://www.linkedin.com/company/henkel_2, [14.12.2012].

Henkel AG & Co. KGaA [o.J. b]:
Offizielle Henkel Seite bei Xing, [o.J.], Online im Internet: https://www.xing.com/companies/henkelag%2526co.kgaa, [14.12.2012].

Hochenrieder, F. [2006]:
Soziale Netzwerke – Effektivität und Effizienz von sozialem Kapital bei der Jobsuche und Personalrekrutierung von Führungskräften, Saarbrücken.

Howard, B. [2008]:
Analyzing online social networks, in: Communications of the ACM, 51. Jg., Heft 11, S. 14 - 16.

Infineon Technologies AG [o.J.]:
Offizielle Infineon Seite bei Facebook, [o.J.], Online im Internet: https://www.facebook.com/Infineon, [14.12.2012].

Infineon Technologies AG [o.J. a]:
Offizielle Infineon Seite bei LinkedIn, [o.J.], Online im Internet: http://www.linkedin.com/company/infineon-technologies, [14.12.2012].

Infineon Technologies [o.J. b]:
Offizielle Infineon Seite bei Xing, [o.J.], Online im Internet: https://www.xing.com/company/infineon, [14.12.2012].

Jung, H. [2010]:
Personalwirtschaft, 9., aktualisierte und verbesserte Auflage, München.

K+S AG [o.J.]:
Offizielle K+S Seite bei Facebook, [o.J.], Online im Internet: https://www.facebook.com/pages/Kali-und-Salz-AG/108276239203754?nr=109995602369544, [14.12.2012].

Kiss, C./ Bichler, M. [2008]:
Identification of Influencers - Measuring Influence in Customer Networks, in: Decision Support Systems, 46. Jg., Heft 1, S. 233 - 253.

Koch, M./ Richter, A./ Schlosser, A. [2007]:
Produkte zum IT-gestützten Social Networking in Unternehmen, in:
Wirtschaftsinformatik, 49. Jg., Heft 6, S. 448 - 455.

Lanxess AG [o.J.]:
Offizielle Lanxess Seite bei Facebook, [o.J.], Online im Internet:
https://www.facebook.com/LANXESS, [14.12.2012].

Lanxess AG [o.J. a]:
Offizielle Lanxess Seite bei LinkedIn, [o.J.], Online im Internet:
http://www.linkedin.com/company/lanxess, [14.12.2012].

Lanxess AG [o.J. b]:
Offizielle Lanxess Seite bei Xing, [o.J.], Online im Internet:
https://www.xing.com/companies/lanxessagleverkusen, [14.12.2012].

Leskovec, J./ Horvitz, E. [2008]:
Planetary-Scale Views on a Large Instant-Messaging Network, in: WWW '08
Proceedings of the 17th international conference on World Wide Web, Peking.

Linde AG [o.J.]:
Offizielle Linde Seite bei Facebook, [o.J.], Online im Internet:
https://www.facebook.com/lindeag, [14.12.2012].

Linde AG [o.J. a]:
Offizielle Linde Seite bei LinkedIn, [o.J.], Online im Internet:
http://www.linkedin.com/company/the-linde-group, [14.12.2012].

Linde AG [o.J. b]:
Offizielle Linde Seite bei Xing, [o.J.], Online im Internet:
https://www.xing.com/companies/lindeag, [14.12.2012].

LinkedIn [2012]:
Mit der Unternehmensseite verknüpfte Mitarbeiter, [15.11.2012], Online im
Internet: http://hilfe.linkedin.com/app/answers/detail/a_id/2364, [14.12.2012].

Merck KGaA [o.J.]:
Offizielle Merck Seite bei Facebook, [o.J.], Online im Internet:
https://www.facebook.com/pages/Merck/115239148488920, [14.12.2012].

Merck KGaA [o.J. a]:
Offizielle Merck Seite bei LinkedIn, [o.J.], Online im Internet:
http://www.linkedin.com/company/merck-
group?goback=%2Efcs_GLHD_merck_false_*2_*2_*2_*2_*2_*2_*2_*2_*2_*2_
*2_*2&trk=top_nav_home, [14.12.2012].

Merck KGaA [o.J. b]:
Offizielle Merck Seite bei Xing, [o.J.], Online im Internet:
https://www.xing.com/companies/merckkgaa, [14.12.2012].

Milgram, S. [1967]:
The Small World Problem, in: Psychology Today, 2. Jg., S. 60 - 67.

Münchener Rückversicherungs-Gesellschaft Aktiengesellschaft in München [o.J.]:
Offizielle Munich Re Seite bei Facebook, [o.J.], Online im Internet: https://www.facebook.com/munichre, [14.12.2012].

Münchener Rückversicherungs-Gesellschaft Aktiengesellschaft in München [o.J.]:
Offizielle Munich Re Seite bei LinkedIn, [o.J.], Online im Internet: http://www.linkedin.com/company/munich-re, [14.12.2012].

Münchener Rückversicherungs-Gesellschaft Aktiengesellschaft in München [o.J.]:
Offizielle Munich Re Seite bei Xing, [o.J.], Online im Internet: https://www.xing.com/companies/munichre, [14.12.2012].

Nikolov, N. [2011]:
Die 20 beliebtesten Sozialen Netzwerke Deutschlands, [24.11.2011], Online im Internet: http://www.muenchnermedien.de/die-20-beliebtesten-sozialen-netzwerke-deutschlands-2011, [20.04.2012].

Olfert, K. [2010]:
Personalwirtschaft – Kompendium der praktischen Betriebswirtschaft, 14. Auflage, Ludwigshafen.

O'Reilly, T. [2005]:
What is Web 2.0: design patterns and business models for the next generation of software, [30.09.2005], Online im Internet: http://oreilly.com/web2/archive/what-is-web-20.html, [30.04.2012].

Quality Employer Branding e.V. [o.J.]:
Qualität im Employer Branding, Personalmarketing und Recruiting – Eine mit den Mitgliedsunternehmen, Beiräten und Alumni von Queb abgestimmte Definition, [o.J.], Online im Internet: http://www.queb.org/definition, [06.01.2013].

RWE AG [o.J.]:
Offizielle RWE Seite bei Facebook, [o.J.], Online im Internet: https://www.facebook.com/pages/RWE-AG/200100870016414, [14.12.2012].

RWE AG [o.J. a]:
Offizielle RWE Seite bei LinkedIn, [o.J.], Online im Internet: http://www.linkedin.com/company/rwe, [14.12.2012].

RWE AG [o.J. b]:
Offizielle RWE Seite bei Xing, [o.J.], Online im Internet: https://www.xing.com/companies/rwe, [14.12.2012].

SAP AG [o.J.]:
Offizielle SAP Seite bei Facebook, [o.J.], Online im Internet: https://www.facebook.com/SAP, [14.12.2012].

SAP AG [o.J. a]:
Offizielle SAP Seite bei LinkedIn, [o.J.], Online im Internet:
http://www.linkedin.com/company/sap, [14.12.2012].

SAP AG [o.J. b]:
Offizielle SAP Seite bei Xing, [o.J.], Online im Internet:
https://www.xing.com/companies/sapdeutschland, [14.12.2012].

Schäuble, T./ Mandl, T./ Griesbaum, J. [2009]:
Mehrwertpotenziale von Online-Social-Business-Netzwerken für die
Personalbeschaffung von Fach- und Führungskräften, in: Fischer, S./ Maehle,
E./ Reischuk, R. (Hrsg.): Informatik 2009 – Beiträge der 39. Jahrestagung der
Gesellschaft für Informatik e.V., Lübeck, S. 2166 – 2180.

Siemens AG [o.J.]:
Offizielle Siemens Seite bei Facebook, [o.J.], Online im Internet:
https://www.facebook.com/Siemens, [14.12.2012].

Siemens AG [o.J. a]:
Offizielle Siemens Seite bei LinkedIn, [o.J.], Online im Internet:
http://www.linkedin.com/company/siemens, [14.12.2012].

Siemens AG [o.J. b]:
Offizielle Siemens Seite bei Xing, [o.J.], Online im Internet:
https://www.xing.com/company/siemensag, [14.12.2012].

Stiftung Warentest [2010]:
Soziale Netzwerke: Datenschutz oft mangelhaft, [25.03.2010], Online im
Internet: http://www.test.de/Soziale-Netzwerke-Datenschutz-oft-mangelhaft-
1854798-0/, [05.01.2013].

ThyssenKrupp AG [o.J.]:
Offizielle ThyssenKrupp Seite bei Facebook, [o.J.], Online im Internet:
https://www.facebook.com/ThyssenKruppCareer, [14.12.2012].

ThyssenKrupp AG [o.J. a]:
Offizielle ThyssenKrupp Seite bei LinkedIn, [o.J.], Online im Internet:
http://www.linkedin.com/company/thyssenkrupp, [14.12.2012].

ThyssenKrupp AG [o.J. b]:
Offizielle ThyssenKrupp Seite bei Xing, [o.J.], Online im Internet:
https://www.xing.com/companies/thyssenkrupp, [14.12.2012].

Trost, A./ Berberich, M. [2012]:
Studienergebnisse – Mitarbeiterempfehlungsprogramme in Deutschland,
[10.02.2012], Online im Internet:
http://de.slideshare.net/ClemensVolkwein/mitarbeiterempfehlungsprogramme-
in-deutschland, [08.01.2013].

Volkswagen AG [o.J.]:
Offizielle Volkswagen Seite bei Facebook, [o.J.], Online im Internet:
https://www.facebook.com/volkswagen, [14.12.2012].

Volkswagen AG [o.J. a]:
Offizielle Volkswagen Seite bei LinkedIn, [o.J.], Online im Internet:
http://www.linkedin.com/company/volkswagen-ag, [14.12.2012].

Volkswagen AG [o.J. b]:
Offizielle Volkswagen Seite bei Xing, [o.J.], Online im Internet:
https://www.xing.com/companies/volkswagenag, [14.12.2012].

Weitzel, T. [2011]:
Recruiting Trends 2011, [09.02.2011], Online in Internet:
http://de.amiando.com/eventResources/4/Y/gUarLBBiNnNgUu/Vortrag_Tim_W
eitzel.pdf, [06.01.2013].

Xing [o.J.]:
Allgemeine Geschäftsbedingungen für die Nutzung von XING, [o.J.], Online im
Internet: https://www.xing.com/terms, [22.04.2012.]

Xing [o.J. a]:
Hilfebereich zum Thema Unternehmen, [o.J.], Online im Internet:
https://www.xing.com/help/hilfe-fragen-und-antworten-2/jobs-events-
unternehmen-823/unternehmen-finden-827, [14.12.2012].

Xing [o.J. b]:
Stellenanzeigen von XING: Recruiting 2.0, [o.J.], Online im Internet:
https://www.xing.com/jobs/products/overview, [05.01.2013].

Xing AG [2012]:
Quartalsbericht III/2012, [30.09.2012], Online im Internet:
http://corporate.xing.com/fileadmin/image_archive/XING_AG_ergebnisse_Q3_2
012.pdf, [14.12.2012].

Florian Schwarz

**Unternehmenskommunikation im
Social Web erfolgreich gestalten**

Wie Social Media Marketing erfolgreich als Kommunikationsinstrument
eingesetzt werden kann

Diplomica 2013 / 84 Seiten /
39,99 Euro

ISBN 978-3-8428-9524-9
EAN 9783842895249

Das vorliegende Buch zeigt, wie Unternehmen erfolgreich in das Social Media Marketing einsteigen können und welche Anwendungsmöglichkeiten sich daraus ergeben. Dafür werden zunächst alle für dieses Buch relevanten Begriffe definiert und ein Überblick über die aktuellen Entwicklungen und das Nutzerverhalten auf Social Media Plattformen gegeben. Darüber hinaus wird erläutert, wie sich Unternehmen Ziele für ihr Social Media Marketing ableiten können. Anschließend folgt eine Untersuchung der einzelnen Social Media Instrumente. Dabei wird im Besonderen auf die markenbezogene Nutzung der Instrumente sowie die relevanten Erfolgsdeterminanten eingegangen. Alle im Buch angesprochenen Aspekte werden mit anschaulichen Praxisbeispielen hinterlegt. Abschließend erfolgt eine kritische Betrachtung von unternehmerischen Gefahren die durch die Anwendung des Social Media Marketing auftreten können.

Robert Waxenegger

Social Media in projektorientierten Unternehmen

Eine Analyse der Einsatzmöglichkeiten von Social Media Anwendungen in Beratungsunternehmen

Diplomica 2013 / 144 Seiten / 44,99 Euro

ISBN 978-3-8428-9582-9
EAN 9783842895829

Das vorliegende Buch erläutert Social Media und deren Anwendungsmöglichkeiten anhand der Beratungsbranche. Es soll festgestellt werden, in wieweit die momentane Implementierung von Social Media Anwendungen in projektorientierten Unternehmen und insbesondere in Beratungsunternehmen vorangeschritten ist. Diese Thematik ist aber noch relativ neu und oftmals befinden sich Unternehmen noch in der Anfangsphase. Daher ist die Herausforderung der Studie, den aktuellen Status der tatsächlichen, beziehungsweise möglichen Anwendung von Social Media aufzuzeigen und deren Potential zu erläutern. Es werden Einsatzmöglichkeiten und die damit verbundenen Schwierigkeiten beschrieben. Am Ende soll sich erweisen, wie sehr Social Media zum Unternehmenserfolg von Beratungsunternehmen mitwirkt und wie sehr eine differenzierte Social Media Strategie für eine effektive Kommunikation notwendig ist. Es werden die drei großen Themenpunkte projektorientiertes Unternehmen, Beratungsunternehmen und Social Media miteinander verknüpft, um zukunftsorientierte Erkenntnisse zu erlangen.

Florian Thiele

Kommunikationsmanagement im Wandel durch Social Media

Berufsbild, Qualifikation und Tätigkeit 2.0

Diplomica 2013 / 100 Seiten / 44,99 Euro

ISBN 978-3-8428-9765-6
EAN 9783842897656

Facebook, Twitter & Co. beherrschen unseren Alltag. Nach eigenen Angaben hat Facebook mehr als 955 Millionen Mitglieder, es werden jeden Tag mehr als 400 Millionen Tweets gesendet und über vier Milliarden Videos auf YouTube angesehen. Social Media haben einen tiefgreifenden Einfluss auf die Gesellschaft und die Mediennutzung und sich dadurch zu einem relevanten Kanal für die professionelle Kommunikationsarbeit etabliert. Dieses Buch untersucht anhand beispielhafter moderner Kommunikationstools - Social Media Newsroom und Social Media Release - die Veränderungen und den Einfluss auf das Berufsbild, die Qualifikation und die Tätigkeit von Kommunikationsmanagern. Interviews mit führenden verantwortlichen Kommunikationsmanagern von Agenturen mit eigenem Social Media Newsroom zeigen ein eindeutiges Bild: Ein großer Teil des Arbeitsalltags wird durch den Umgang mit Social Media beherrscht. Dieser Wandel in den Tätigkeiten verlangt nach einer Anpassung der Ausbildung und Qualifikationsanforderungen und einer Anpassung des Berufsbildes zur normativen Orientierung für den Beruf. Als Ergebnis dieser Studie wird ein Vorschlag für ein modernes Anforderungsprofil für Kommunikationsmanager präsentiert.

Martin Kost

Warum Social Media für Unternehmen?

Nutzenanalyse bei den Social Media-Aktivitäten von sechs Schweizer Großunternehmen

Diplomica 2013 / 108 Seiten / 39,99 Euro

ISBN 978-3-8428-9941-4
EAN 9783842899414

Social Media hat sich in den letzten Jahren als Bestandteil der Unternehmenskommunikation und des Marketings etabliert. Viele Unternehmen fragen sich, was ihnen ihre Social Media-Investitionen schlussendlich bringen. Oft wissen sie nicht, wie sie den Nutzen von Social Media messen können.

Dieses Fachbuch beschreibt eine Studie, die bei sechs Schweizer Großunternehmen wissenschaftlich fundiert den Nutzen von Social Media für unterschiedliche Unternehmensbereiche analysiert. Anhand eines Reportings soll für jedes untersuchte Unternehmen aufgezeigt werden worin der Nutzen ihrer Social Media-Aktivitäten besteht und wie er gemessen werden kann. Die individuellen Ziele der Unternehmen und deren Strategie werden dabei nicht berücksichtigt. Diese Auswertung soll den Unternehmen zeigen, was sie bisher erreicht haben und wie sie im Vergleich zu anderen großen Unternehmen in der Schweiz abschneiden.

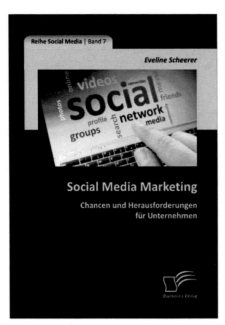

Eveline Scheerer

Social Media Marketing

Chancen und Herausforderungen
für Unternehmen

Diplomica 2013 / 116 Seiten /
39,99 Euro

ISBN 978-3-8428-6362-0
EAN 9783842863620

Das Internet prägt unseren Alltag in Bezug auf Kommunikation, Konsum, Information und Vernetzung. Vor Jahren wurde das Internet noch ausschließlich zur Informationsgewinnung genutzt, heute hingegen steht die Kommunikation im Mittelpunkt. Die User stellen Inhalte selbst zur Verfügung, bewerten und vergleichen Inhalte anderer Personen. Die Kommunikation erfolgt über verschiedene SM-Kanäle. Diese sind durch Foren, Blogs, Videoportale, Bewertungsportale etc. geprägt. Auch Unternehmen haben das Potential des SM erkannt und setzen nun gezielt auf Social Media Marketing (SMM). Die meisten Netzwerke sind kostenlos, die Anwendungen unkompliziert und leicht umsetzbar.

Das SMM kann unabhängig von der Unternehmensgröße angewandt werden. Jedoch müssen Unternehmen sich vorher mit dem SM auseinander setzen und ihre Aktivitäten genauestens planen. Unternehmen müssen sich öffnen und neue Wege beschreiten. Sie verlieren Macht an Kunden und müssen sich mit Kritik sowohl positiver als auch negativer Art auseinander setzen. Ein kleines Fehlverhalten im Netz kann dazu führen, dass Unternehmen einen Imageschaden davon tragen, der langanhaltende Auswirkungen nach sich ziehen kann.